浙江省社会科学界联合会研究课题成果（2024N118）
浙江省省属高校基本科研业务费项目资金资助（2024ZD10）

浙江省"重要窗口"建设研究：逻辑意蕴、转化路径与实践经验

蒋文超 著

中国财经出版传媒集团
中国财政经济出版社
·北京·

图书在版编目（CIP）数据

浙江省"重要窗口"建设研究：逻辑意蕴、转化路径与实践经验/蒋文超著. ——北京：中国财政经济出版社，2024.3
ISBN 978-7-5223-3005-1

Ⅰ.①浙⋯　Ⅱ.①蒋⋯　Ⅲ.①浙江省－逻辑－经验　Ⅳ.①F291.1

中国国家版本馆CIP数据核字（2024）第182603号

责任编辑：彭　波　　　　　　责任印制：史大鹏
封面设计：卜建辰　　　　　　责任校对：徐艳丽

浙江省"重要窗口"建设研究：逻辑意蕴、转化路径与实践经验
ZHEJIANGSHENG "ZHONGYAO CHUANGKOU" JIANSHE YANJIU：
LUOJI YIYUN、ZHUANHUA LUJING YU SHIJIAN JINGYAN

中国财政经济出版社 出版

URL：http：//www.cfeph.cn
E-mail：cfeph@cfeph.cn

（版权所有　翻印必究）

社址：北京市海淀区阜成路甲28号　邮政编码：100142
营销中心电话：010-88191522
天猫网店：中国财政经济出版社旗舰店
网址：https：//zgczjjcbs.tmall.com
中煤（北京）印务有限公司印刷　各地新华书店经销
成品尺寸：170mm×240mm　16开　11.75印张　170 000字
2024年3月第1版　2024年3月北京第1次印刷
定价：68.00元
ISBN 978-7-5223-3005-1
（图书出现印装问题，本社负责调换，电话：010-88190548）
本社图书质量投诉电话：010-88190744
打击盗版举报热线：010-88191661　QQ：2242791300

前　言

为中国人民谋幸福，为中华民族谋复兴，是中国共产党的初心与使命。新中国成立以来，我们党领导全国各族人民坚持不懈地探索中国式现代化道路。2010年国内生产总值超过日本，稳居世界第二；2022年全国居民人均可支配收入达到3.69万元，比1978年实际增长了30多倍；农村贫困发生率下降到0.6%，对全球减贫贡献超过80%，实现了从"落后于时代"到"赶上时代"，再到"引领时代"的伟大转变与升华。同时，中国人口庞大、幅员辽阔、历史悠久，国家共同体内部文化、宗教、民族呈现显著多样性，后发的"并联式"现代化呈现出发展时间的高度压缩性、发展任务的高度叠加性、发展要求的多重协调性，这些都决定了中国式现代化探索呈现出时间递进、地区递推的时空格局。毛泽东同志曾在《论十大关系》中提出，要在巩固中央集中统一领导的前提下，扩大一点地方的权力，给地方更多的独立性，让地方办更多的事情。改革开放以来，我国逐渐形成了中央顶层设计与基层自主性探索有机结合的治理模式，由沿海相对发达地区"摸着石头过河"进行政策试验，总结、规范、完善经验后向全国推广，这种独特的政策机制已成为"中国之治"的重要经验与智慧宝库。

作为中国经济发展的重要地区，纵观浙江省的发展历程，正是一部不断解放思想、敢为人先、大胆改革、积极创新的人民奋斗历史，是中国新民主主义革命胜利、经济快速发展和社会长期稳定奇迹的缩影。百余年前嘉兴南湖红船开启了我们党百年征程起航的第一步，中国特色社会主义实践中的红色基因已内化为浙江人勇立潮头的精神源泉。萌生于建党初期的"红船精神"，是革命精神的典型代表；产生于社会主义建设时期的"大陈岛垦荒精神"，是社会主义建设精神的最早展现；发展于改革开放后的"浙江精神"，是改革信念的鲜明底色。浙江人民在继承与发扬红色基因的基础上进行了开创性的实践探索，以"枫桥经验"创新基层治理模式，以"温州模式"解决农民脱贫致富难题，以"四千"精神与"三板"精神开辟产业崛起之路，以"千村示范、万村整治"工程推进社会主义新农村建设，以"山海协作""百亿帮扶致富""欠发达乡镇奔小康"工程推进欠发达地区发展，以"三改一拆"与"五水共治"倒逼经济转型，以"绿水青山就是金山银山"理念加快生态环境建设。基于此，浙江省诞生了全国第一批拥有营业执照的个体工商户、第一家股份合作制企业，率先制定统筹城乡一体化发展的实施纲要，率先探索排污权有偿分配和交易机制，出台国内首个生态保护补偿制度。2022年浙江省城镇与农村居民收入水平分别连续第22年和第38年位居全国各省（自治区、直辖市）第一。在中国民营经济500强企业数量中，浙江省已经连续23年列首位，浙江省数字化综合发展水平也连续多年稳居全国第一。

21世纪的前十年，浙江省实现了由资源小省向经济大省、由外贸大省向开放强省的历史性跨越,"五位一体"与党的建设得到全方位提升,但先发优势也使浙江省率先遭遇了诸多新挑战。例如,传统粗放型发展模式与非均衡发展战略难以为继,人民群众对更加美好生活的企盼没有得到及时回应等问题。2003年7月,时任浙江省委书记习近平在省委十一届四次全会上作出了发挥"八个方面的优势"、推进"八个方面的举措"的"八八战略"重大决策部署,及时对新时代浙江省发展作出全面规划与顶层设计,随后的20年中浙江省坚持一张蓝图绘到底,一任接着一任干,坚定不移深入实施"八八战略",红色基因不断内化为浙江人的精神品质,之江大地焕发出根本性、系统性的蝶变,数字经济与区域协同共富领域走在全国前列。2020年是全面建成小康社会和"十三五"规划圆满收官之年,也是脱贫攻坚决战决胜之年,中国人民已经踏上第二个百年奋斗目标的新征程。同年,习近平总书记到浙江省考察调研并发表重要讲话,赋予浙江省"努力成为新时代全面展示中国特色社会主义制度优越性的重要窗口"的新目标与新定位,这是继深圳特区"改革开放窗口"与上海浦东"扩大对外开放窗口"后的"中国窗口"3.0版本。浙江省"重要窗口"建设以省域层面的先行探索,彰显出中国特色社会主义制度的科学性、有效性、示范性,要以"浙江之窗"展示"中国之治",以"浙江之答"回应"时代之问"。

本书将通过四章内容,系统性分析"'红船精神'是红色基因之始,由'红船精神'至'重要窗口'建设是跨时空传承,由'八八战略'"至'重要窗口'建设是政策历史性飞跃"这一论断。其中,第一章为浙江省"重要窗口"建设的制度机理,该章着重阐述浙江省"八八战略"与"重要窗口"建设的概念内涵与外延，在此基础上分析这种制度跃迁背后的历史意义。第二章为浙江省"重要窗口"建设的红色精神意蕴，该章分析了"红船精神"的核心理念与时代价值，在此基础上，总结"红船精神"对于建设"重要窗口"的实践价值，这将为解构"红船精神"与"重要窗口"建设的互动关系提供学理逻辑和理论支撑。第三章为浙江省"重要窗口"建设的经济实践，该章解析与检验浙江省和长三角地区数字经济的发展路径与政策成效，阐述共同富裕的浙江经验，验证数字经济、高职教育对于共同富裕的促进机制。第四章为浙江省"重要窗口"建设的教育实践，该章依次剖析浙江省的高等教育质量文化、职业教育现代学徒制以及人才分类培养实践。希冀在百年未有之大变局下从物质性成就和制度性成果方面，全面描述"彰显中国特色社会主义制度优越性"的浙江样板。

目 录

第一章 浙江省"重要窗口"建设的制度机理 …………………… 1

 第一节 "重要窗口"建设 ……………………………………… 1
 第二节 "八八战略" …………………………………………… 13
 第三节 政策历史性飞跃的经验与价值
    ——从"八八战略"到"重要窗口" ………………… 17

第二章 浙江省"重要窗口"建设的红色精神意蕴 …………… 21

 第一节 红船精神 ………………………………………………… 22
 第二节 红色基因划时代传承的逻辑与价值
    ——从"红船精神"到"重要窗口" ………………… 26

第三章 浙江省"重要窗口"建设的经济实践 ………………… 32

 第一节 "重要窗口"建设之数字经济厚积薄发 …………… 33
 第二节 "重要窗口"建设之共同富裕全面探索 …………… 51
 第三节 数字经济赋能共同富裕的空间作用机制 …………… 72
 第四节 数字经济、高职教育与共同富裕研究 ……………… 93

第四章 浙江省"重要窗口"建设的教育实践 ………………… 114

 第一节 "重要窗口"建设之高等教育的质量文化 ………… 115
 第二节 "重要窗口"建设之职业教育的产教融合探索 …… 125
 第三节 "重要窗口"建设之人才分类培养探索 …………… 157

参考文献 ……………………………………………………………… 170

第一章 浙江省"重要窗口"建设的制度机理

鼓励局部试点,并将小范围的实践经验完善、规范后全面推广,是我们党治国理政的重要传统。深圳特区被称为"改革开放窗口",上海浦东被称为"扩大对外开放窗口",现在浙江省被赋予建设成为"新时代全面展示中国特色社会主义制度优越性的重要窗口"。根据党的十八届三中全会、四中全会和党的十九届三中全会、四中全会所作出的重大决定,不难发现党中央对浙江省域发展先行先试的深切期望,这既是党中央在新时代的战略部署,也是浙江省发展的历史机遇与重大使命。

从"八八战略"到"重要窗口"的历史性飞跃,是中国特色社会主义制度在省域层面成功实践的生动体现,也是中国改革开放历史成就的时代缩影。本章着重阐释浙江省"八八战略"与"重要窗口"建设的概念内涵与外延,并在此基础上阐述此次制度跃迁所彰显的时代价值。

第一节 "重要窗口"建设

中国式现代化的制度设计与先行探索并非"临时起意",而是因地制宜、顺势而为的"主动把握"。建设"重要窗口"是新时代浙江精神的现实转化,代表了浙江人民的民心所向。就内生性角度而言,建设"重要窗口"是基于省情而提出的自主性发展目标,是为解决内部问题而派生的理念转型。把脉社会共同体内部的发展动因,处理好内生性与共生性的作用关系，是营造"各地区协同发展、各领域协调推进、各社会群体合作共赢"新局面的关键。而社会主义现代化全面进步的"共生"，将为省域"内生"的可持续发展提供保障，实现以"浙江之窗"展示"中国之治"，以"浙江之答"回应"时代之问"，向国际社会彰显中国形象、中国精神、中国气派、中国力量。为国内其他区域现代化建设提供借鉴经验，为各国发展提供浙江样板，构建世界大同的"人类命运共同体"。

一、理论内涵

高质量完成"成为新时代全面展示中国特色社会主义制度优越性的重要窗口"这一目标离不开对关键内容的准确把握。其中，"全面展示"是内在要求，不仅要展示物质性的成就，更要体现制度性的成果；"中国特色社会主义制度优越性"是核心特征，要以省域层面的实践探索，彰显中国特色社会主义制度的科学性、有效性、完备性，体现中国特色社会主义的道路自信、理论自信、制度自信、文化自信。"重要窗口"既是功能定位，也是外在要义，代表着特殊的职责使命，其内在要求包含示范性、开放性、国际性、先行性。

（一）核心特征——中国特色社会主义制度优越性

中国特色社会主义制度优越性是"努力成为新时代全面展示中国特色社会主义制度优越性的重要窗口"的核心特征。习近平总书记将建设"重要窗口"这一重要任务交给浙江省，一是国内与国际两个大局的发展需要中国有这样的"重要窗口"；二是浙江省具有建设全面展示制度优越性窗口的基础与条件。浙江省的经济社会发展成就在我国名列前茅，已成为"经济快速发展奇迹和社会长期稳定奇迹"的缩影。纵观浙江省生产总值，1949年是14.98亿元，2018年增长到56197亿元，按可比价格计算增长610倍；城乡居民人均可支配收入，农村居民1949年为47元，2018年增长了580倍；城镇居民1949年为116元，2018年增长了478倍；地方财政收入更是在1949~2018年增长了26012倍，这是中国特色社会主义制度助推浙江人的才智与奋斗结出了全面发展的丰硕果实。

在实现中华民族伟大复兴的关键时期，以习近平同志为核心的党中央作出了"坚持和完善中国特色社会主义制度，推进国家治理体系和治理能力现代化"的历史性决策，以适应大局发展的现实需求。实践证明，中国特色社会主义的各个方面建设都需要加强制度的根本性保障。在世界范围内的综合国力竞争中，制度竞争亦是根本所在。因此，习近平总书记在新时代发展中，无论是治国、治党还是治军，都将制度放在先导位置。正如他在党的十九届四中全会中指出的"立志于中华民族千秋伟业，不仅要保持中国特色社会主义制度和国家治理体系的延续性与稳定性，而且要不断增强其创新发展性，推动中国特色社会主义制度更加成熟和定型，为确保中国特色社会主义事业长盛不衰、实现中华民族伟大复兴提供牢靠而持久的制度保证"。[①] 因此，学习贯彻习近平总书记考察浙江时的这一重要指示，必须谨记"制度优越性"，这是浙江省"重要窗口"与其他改革试点的显著差异。

在中国特色社会主义制度形成和发展的各个阶段，浙江皆作出了自己的创造与贡献。比如社会主义改造时期，毛泽东同志肯定推广了建德市的"实行男女同工同酬"制度以及"枫桥经验"。党的十一届三中全会以来，浙江省各级党委坚持解放思想、实事求是的思想路线，积极参与真理标准问题大讨论，大力推进对内改革与对外开放。从改革开放初期长兴等地推行家庭联产承包责任制开始，以公有制为主体的多种所有制经济迅速发展。各级党委和政府坚持尊重与鼓励人民群众的首创精神，乡镇企业、个体私营经济、股份合作制经济等多种形式如同雨后春笋般涌现出来，很快就实现了县县有外贸的全省对外开放。在时任浙江省委书记习近平同志提出的"绿水青山就是金山银山"理念指导下，浙江省生态文明和美丽乡村建设成果显著，相关的旅游经济和农家乐经济蓬勃发展。此外，为了进一步激发人民群众当家作主的热情，浙江省各地创造出多种形式的民主协商制度，全面加强党建引领下的基层社会治理。从建设"平安浙江"与"法治浙

---

① 习近平总书记在《中国共产党第十九届中央委员会第四次全体会议时的讲话》。

江"到各个领域持续推进的"最多跑一次"改革，改变了地区城乡基层的社会面貌，创造出了浙江奇迹的制度优势。

（二）历史定位——新时代

以党的十八大为标志，中国特色社会主义进入了新时代。这是改革开放和中国式现代化建设新的出发点，也是"努力成为新时代全面展示中国特色社会主义制度优越性的重要窗口"的时间方位。建设"重要窗口"，既要坚持既有的成功经验，更要站在"新时代"高度进行创新实践，展示新气象。从制度建设的要求来看，"新时代"的历史定位蕴含牢记新时代任务、了解新时代群众、解决新时代风险等科学内涵。这是习近平总书记对浙江省推进制度建设提出的要求，也为浙江省推进制度建设提供了时代助力。

1. 新时代的新任务

党的十九大从历史发展的进程、现代化的目标、中国人民的追求、民族复兴的历史使命以及世界关系，全方位解构了"新时代"的概念内涵。新时代是在全面建成小康社会基础上，全面建成社会主义现代化强国，实现中华民族伟大复兴的时代。新时代要让中国人民过上幸福美好的生活，要解决六个"好不好"的问题，分别是经济发展质量好不好，民主政治实现形式好不好，文化事业和产业发展好不好，社会治理好不好，生态文明建设好不好，人民生活质量和生活水平好不好。浙江省需要基于经济、政治、文化、社会、生态等各个方面的制度优越性来全面展示中国从"有没有"到"好不好"的新面貌。

此外，要清醒地认识到前进道路上不可能没有风险，经济全球化时代新冠疫情这类传统与非传统安全问题仍会不断带来新风险。浙江省建设新时代全面展示中国特色社会主义制度优越性的重要窗口，要未雨绸缪与大智治制，把建设和完善应急管理体系放在重要位置。

2. 新时代的新群众

中国特色社会主义事业是每一个中国人自己的使命，是亿万人民群众自己的事业。新时代实现中华民族伟大复兴，必须紧紧依靠最广大的人民群众。这是党的群众路线的要求,也是国家民主政治发展的特点。必须重视改革开放后出生的"新时代的新群众",他们今天已经是我国现代化建设的生力军,并将成为实现新时代行动纲领的主力军。着眼"新时代",不仅要关注任务,更要引导执行任务的人。要以"新时代的新群众"视角加强制度建设。

要牢记习近平总书记提出的关注青年、关心青年、关爱青年的"三关"教导①。在制度建设中,要倾听青年心声,做青年朋友的知心人、青年工作的热心人、青年群众的引路人。帮助广大青年深刻了解近代以来中国人民和中华民族不懈奋斗的光荣历史和伟大历程,坚定理想信念,在中国式现代化的实践中焕发青春光彩,在为人民利益的奋斗中实现自身理想。

(三) 外在要义——全面展示

"窗口"起到了沟通内外联系的功能,邓小平同志说特区是技术、管理、知识的窗口,也是对外政策的窗口。从特区可以引进技术,获得知识,学到管理。站在百年未有之大变局的新时代视角,特区已成为开放的基地,不仅在经济与技术方面、培养人才方面对内受益,而且有助于扩大对外影响。按照习近平总书记的重要指示,浙江省建设新时代全面展示中国特色社会主义制度优越性的重要窗口,是面向全国、面向世界、面向未来的,要通过浙江省这个窗口全面展示中国特色社会主义制度。

1. "全面展示"的定义

建设中国制度之"窗"时,要在"全面展示"方面做好文章。党的十九届四中全会从13个方面阐述了中国特色社会主义制度的根本制度、基本制度、重要制度。新时代中国特色社会主义是经济、政治、文化、社会、生态文明"五位一体"全面发展的社会主义。不难发现,新时代中国特色社会主义的制度的"全面展示"是一个系统化的大工程。要有机统一制度自信与改革创新,着力固根基、扬优势、补短板、强弱项,构建系统完备、

---

① 习近平总书记在2019年中共中央政治局就五四运动的历史意义和时代价值第十四次集体学习时的讲话。

科学规范、运行有效的制度体系，推动中国特色社会主义制度不断完善和发展、永葆生机活力。"全面展示"不仅要展示各个方面制度的优势，也要展示制度的完善过程。

2. "全面展示"的策略

"全面展示"要以干为主，"全面干"与"广泛讲"相结合。干是第一位的，这是中华民族的优良传统，是中国共产党人的优秀品格。但现阶段，在国际传播中我们常处于有理说不出、说了传不开的境地，这种信息流进流出的"赤字"，造成了中国真实形象与西方主观印象的"逆差"，以及软实力与硬实力的"落差"。因此，还要会讲。习近平总书记曾经说过："落后就要挨打，贫穷就要挨饿，失语就要挨骂"①。这就要求我们基于"实干"，辅之"会讲"，建立"全面展示"的"重要窗口"。

（1）全面落实。

习近平总书记选择浙江作为"新时代全面展示中国特色社会主义制度优越性的重要窗口"，是因为浙江在制度改革与制度建设的全面性、系统性上具有很大的优势，能够坚持一张蓝图绘到底，一任接着一任干，按照"八八战略"把浙江省建设成为新时代全面展示中国特色社会主义制度优越性的重要窗口。

浙江省的独特制度优势是"八八战略"，其体现了从浙江省从实际出发，全面推进中国特色社会主义事业发展的科学与创新精神。"八八战略"中亦突出了"全面"二字，首先，"八八战略"概括了改革开放，发展与稳定，经济、政治、文化、社会与生态文明建设等各个方面协同推进的系统性思想。其次，"八八战略"涵盖了浙江省发展中人文、历史、地理与资源等多方面的基本优势。再次，"八八战略"指出了浙江省发挥基本优势、创造新优势的战略方向。最后，"八八战略"制定了浙江省将潜在优势转化现实优势，将劣势转化为优势的因应之策。

（2）广泛宣传。

传播力决定影响力，话语权决定主动权。要改变"失语挨骂"的现

---

① 习近平总书记2015年12月11日在《全国党校工作会议上的讲话》。

状,不仅要持续的埋头苦干,还要学会积极的"能说善道",要让更多的人了解中国特色社会主义制度的优越性。信息技术时代,人们能够更快更多地获得各种真真假假的信息,对于国际交往、经济贸易与文化交流而言,这既创造了非常便利的条件,也造成了信息失真的挑战。要借助现代化的传播渠道,加强国际传播能力建设,加快提升中国话语的国际影响力,让全世界都能听到并听清中国声音,进一步讲好浙江故事,描绘中国篇章。

二、概念外延

浙江省"重要窗口"建设,要以"浙江之窗"展示"中国之治",以"浙江之答"回应"时代之问",为国际社会感知中国形象、中国精神、中国气派、中国力量提供"窗口"。"中国特色社会主义制度优越性"是核心特征,这揭示了中国特色社会主义制度的科学性、完备性、有效性,也彰显了中国特色社会主义的道路自信、理论自信、制度自信、文化自信。"全面展示"是外在要义,这意味着既要展示直观的物质性成就,也要体现制度性成果。"重要窗口"是功能载体,不仅要承担特殊的时代使命,还要展现先行性、示范性、开放性和国际性。为建设这样一个制度之窗,浙江省委专门通过《中共浙江省委关于深入学习贯彻习近平总书记考察浙江重要讲话精神,努力建设新时代全面展示中国特色社会主义制度优越性重要窗口的决议》,提出要努力建设好10个方面的"重要窗口",形成具有中国气派与浙江辨识度的重大标志性成果。

(一)彰显习近平新时代中国特色社会主义思想的重要窗口

习近平新时代中国特色社会主义思想是党和国家必须长期坚持的指导思想,是当代中国马克思主义、21世纪马克思主义。习近平总书记指出中国特色社会主义是实践、理论、制度紧密结合的,既把成功的实践上升为理论,又以正确的理论指导新的实践,还把实践中已见成效的方针政策及时上升为党和国家的制度。

浙江省作为中国革命红船启航地、改革开放先行地和新时代中国特色社会主义思想重要萌发地,在坚持党的创新理论上有着丰富的理论素材、生动的实践例证、独特的资源优势。特别是习近平同志在浙江省工作期间创造性作出的"八八战略",是习近平新时代中国特色社会主义思想在浙江萌发与实践的集中体现。在建设"重要窗口"的新征程中,必须坚定不移沿着"八八战略"指引的路子走下去,坚持一张蓝图绘到底,一年接着一年干,始终把"八八战略"作为引领浙江发展的总纲领、推进浙江各项工作的总方略,坚持方法与制度创新,持续推进"八八战略"再深化,改革开放再出发;争当学懂弄通做实习近平新时代中国特色社会主义思想的排头兵,要经常性地对标对表、校准航向,努力使浙江的各方面工作更加符合新时代的要求、符合党中央的部署、符合人民的期待,推动习近平新时代中国特色社会主义思想不断往深里走、往心里走、往实里走;积极宣传习近平新时代中国特色社会主义思想在浙江的实践案例,全方位与多渠道讲好浙江故事与中国故事。

(二)努力建设加强党的全面领导、集中力量办大事的重要窗口

浙江省建设"重要窗口"的新征程,必须完善保障"两个维护"的制度机制,要把"两个维护"贯穿到全省改革发展的各方面和全过程。习近平总书记指出正是因为始终在党的领导下,集中力量办大事,国家统一有效组织各项事业、开展各项工作,才能成功应对一系列重大风险挑战、克服无数艰难险阻,始终沿着正确方向稳步前进。

浙江省突出政治建设这一根本性建设,有力推动了党员干部群众旗帜鲜明讲政治、不折不扣抓落实、步调一致向前进。在建设"重要窗口"的新征程中,浙江省必须抓实抓细政治监督,强化巡视巡察联动,严明党的政治纪律和政治规矩,坚决同损害党中央权威和集中统一领导的各种思想言行作斗争;必须服从服务全国"一盘棋",自觉从全国大局出发找定位、作决策、抓落实,坚持因地制宜、尊重规律、开拓进取,创造性地贯彻落实党中央决策部署;必须以坚持党中央集中统一领导、主动服从并服务于全国大局的具体实践,生动展现社会主义国家强大的动员能力和组织领导效能。

(三)努力建设走中国特色社会主义法治道路的重要窗口

浙江省建设"重要窗口"的新征程,必须以深化浙江法治建设的具体实践,生动展现中国特色社会主义政治发展道路越走越宽广、人民当家作主的制度体系越来越健全的蓬勃生机。习近平总书记指出我国社会主义民主是维护人民根本利益的最广泛、最真实、最管用的民主。发展社会主义民主政治就是要体现人民意志、保障人民权益、激发人民创造活力,用制度体系保障人民当家作主。

浙江省在建设"重要窗口"的新征程中,必须坚持党的领导、人民当家作主、依法治国有机统一;必须坚持和完善人民代表大会制度,支持和保证人大依法行使立法权、监督权、决定权、任免权;必须坚持和完善中国共产党领导的多党合作和政治协商制度,推动协商民主广泛、多层制度化发展;必须不断提升民族工作、宗教工作、党外知识分子工作、新的社会阶层人士工作、非公有制经济人士工作、中国港澳台地区工作、海外侨胞工作等的针对性和有效性,找到最大公约数,画出最大同心圆;必须完善党建带群建工作制度,构建联系广泛、服务群众的群团工作体系;必须在更高层次推进浙江省经济、政治、文化、社会、生态的法治化,大力加强重点领域立法,深入推进法治政府建设,深化司法体制综合配套改革和政法领域各项改革,深入推进诉源治理,大力推进智慧法院建设,改革和优化人民法庭布局,持续推进刑事检察、民事检察、行政检察、公益诉讼检察,全面提升执法司法规范化水平,健全公共法律服务体系,积极构建社会大普法工作格局,努力使法治真正成为浙江省核心竞争力的重要组成部分。

(四)努力建设展示坚持和完善社会主义市场经济体制的重要窗口

浙江省建设"重要窗口"的新征程,必须贯彻新发展理念,生动展示社会主义市场经济的活力、灵性和韧性。习近平总书记指出在社会主义条件下发展市场经济,是我们党的一个伟大创举。我国经济发展获得巨大成功的一个关键因素,就是我们既发挥了市场经济的长处,又发挥了社会主义制度的优越性。

生产力是衡量一个社会制度先进与否、优越与否的最根本标准，作为东部沿海发达省份，浙江省的民营经济发达、国有经济精彩、市场经济活跃。必须发挥消费的基础性作用和投资的关键性作用，构建"国内大循环为主体、国内国际双循环相互促进"新发展格局；必须深化国有企业改革，做强做优做大国有资本，全面落实《浙江省民营企业发展促进条例》，着力打造民企、国企公平竞争的市场环境，积极推动市场主体持续升级，促进非公有制经济健康发展和非公有制经济人士健康成长，实现国有经济、民营经济比翼齐飞。

（五）努力建设展示将改革开放进行到底的重要窗口

浙江省在建设"重要窗口"的新征程上，必须以再创体制机制新优势的具体实践，生动展现中国改革步伐一刻不停、开放大门越开越大的坚毅决心和奋进姿态。习近平总书记指出改革开放是当代中国发展进步的活力之源，是我们党和人民大踏步赶上时代前进步伐的重要法宝，是坚持和发展中国特色社会主义的必由之路。

浙江省是改革开放先行地，有着体制机制的先发优势，有着统筹利用两个市场、两种资源的发展格局。必须"跳出浙江发展浙江"，进一步发挥"浙江人经济"优势，推动浙商高质量参与全球产业链重构，加快新型贸易中心建设，推动外贸提质增效，打造高质量外资集聚地，构建对外开放新格局；必须切实发挥"一带一路"建设、长江经济带发展、长三角一体化发展等国家战略叠加交汇的优势，深入推进中国（浙江）自由贸易试验区创新发展，大力推进长三角生态绿色一体化发展示范区建设；必须全方位深化"最多跑一次"改革，深入开展机关事业单位人员职业生涯全周期管理"一件事"改革，全力推进"一件事"集成改革迭代升级、延伸扩面，深化政府数字化转型，建设"整体智治、唯实唯先"现代政府，加快打造"掌上办事之省"和"掌上办公之省"，加快城市大脑建设与推广，努力打造营商环境最优省。

（六）努力建设展示社会主义先进文化的重要窗口

浙江省建设"重要窗口"的新征程，必须大力彰显红船精神、浙江精神的历史价值、理论价值、政治价值和时代价值，守牢浙江人民的"根"与"魂"。习近平总书记指出，文化是一个国家、一个民族的灵魂。文化兴则国运兴，文化强则民族强。

浙江省是中华文明的重要发源地之一，必须坚持以社会主义核心价值观引领文化建设制度，必须大力弘扬"红船精神"、浙江精神，系统化推进"红船精神"、浙江精神研究，大力打造浙江重大文化标识，建设一批文化地标，进一步擦亮西湖、大运河、良渚古城遗址等世界文化遗产，高水平建设浙江省大运河国家文化公园，推进文化研究工程，挖掘阳明文化、和合文化、南孔文化、永嘉学派等优秀传统文化的丰富内涵，全面实现基本公共文化服务均衡化、标准化；要促进文化旅游深度融合，着力打造集文化长廊、生态长廊、旅游长廊等于一体的之江文化产业带、大运河（浙江）文化带、"四条诗路"文化带、"两山"文化发展示范区、滨海文化旅游带等重大平台；加快建设文化大省与文化强省，大力弘扬伟大民族精神、时代精神和红船精神，显著增强先进文化示范性。

（七）努力建设展示国家治理体系和治理能力现代化的重要窗口

浙江省建设"重要窗口"的新征程，要以高水平推进省域治理现代化的具体实践，生动展现中国特色社会主义制度和国家治理体系的强大生命力。习近平总书记指出真正实现社会和谐稳定、国家长治久安，还是要靠制度，靠我们在国家治理上的高超能力，靠高素质干部队伍。我们要更好发挥中国特色社会主义制度的优越性，必须从各个领域推进国家治理体系和治理能力现代化。

浙江要着力建设更高质量、更高水平的平安浙江，突出基层治理、社会治理，把专项治理和系统治理、综合治理、依法治理、源头治理结合起来，继续全面推进平安建设，坚持"大平安"理念，一手抓经济发展、一手抓社会和谐稳定，谱写了经济快速发展和社会长期稳定的浙江样板。

（八）努力建设展示社会全面进步和人的全面发展的重要窗口

浙江省建设"重要窗口"的新征程，要以率先解决发展不平衡不充分问题、走好共同富裕之路的具体实践，生动展现社会主义制度蕴含的"人民对美好生活的向往就是我们的奋斗目标"价值追求。习近平总书记指出必须坚持人民至上、紧紧依靠人民、不断造福人民、牢牢植根人民，并落实到各项决策部署和实际工作之中。

浙江省必须进一步厚植优势、补齐短板、做强弱项，深入实施"千村示范、万村整治"工程，致力于农民市民融合的新型城市化，积极实施"山海协作工程"，率先建立为民办实事长效机制，形成了让人民群众参与、让人民群众作主、让人民群众受益、让人民群众满意的生动局面；大力度推动区域协调发展，充分发挥大湾区大花园大通道大都市区建设的牵引作用；加快建立健全城乡融合发展体制机制和政策体系，深入实施乡村振兴战略，落实"科技进乡村、资金进乡村、青年回农村、乡贤回农村"长效机制，深化农村综合集成改革，推动资源要素充分流动，加强数字"三农"等现代农业农村基础设施建设，进一步激发城乡融合发展新动能；加强基本社会保障和基本民生保障，全面落实就业优先战略和积极的就业政策，推进更高水平的幼有所育、学有所教、劳有所得、病有所医、老有所养、住有所居、弱有所扶，持续提升群众的获得感。

（九）努力建设展示全面从严治党的重要窗口

浙江省建设"重要窗口"的新征程，必须推动全面从严治党走向纵深，以打造政治清明、政府清廉、干部清正、社会清朗的清廉浙江的具体实践，生动展现中国共产党始终走在时代前列、始终同人民群众保持血肉联系的良好形象。习近平总书记指出党的初心和使命是党的性质宗旨、理想信念、奋斗目标的集中体现，越是长期执政，越不能丢掉马克思主义政党的本色，越不能忘记党的初心使命，越不能丧失自我革命精神。

浙江省是中国革命红船的启航地，党员干部在守初心、担使命上有着更为丰厚的精神滋养。浙江省始终坚持把政治建设摆在首位，压紧压实全面从严治党主体责任,巩固发展了浙江山清水秀的政治生态。同时,必须抓住"关键少数",突出维护力、引领力、担当力、服务力、廉洁力的"五强"领导班子建设,把各级领导班子锻造成为忠实践行习近平新时代中国特色社会主义思想的坚强领导集体;一体推进不敢腐、不能腐、不想腐,始终保持惩治腐败高压态势,锲而不舍落实中央八项规定精神,大力整治形式主义、官僚主义,持续整治群众身边腐败和作风问题;必须健全完善党委主体责任、党委书记"第一责任"、班子成员"一岗双责"和纪委监督责任"四责协同"机制,深化纪检监察体制改革,推进机关、村居、企业、学校、医院、交通等重点清廉单元建设;牢固树立一切工作到支部的鲜明导向,突出政治功能,着力提升组织力,推动基层党组织全面进步。

(十)努力建设展示生态文明高度发达的重要窗口

浙江省建设"重要窗口"的新征程,要创新发展绿色低碳循环的美丽经济,完善生态产品价值实现机制,进一步打开"两山"转化通道。习近平总书记指出我们要建设的现代化是人与自然和谐共生的现代化,既要创造更多物质财富和精神财富以满足人民日益增长的美好生活需要,也要提供更多优质生态产品以满足人民日益增长的优美生态环境需要。

浙江省是习近平总书记"绿水青山就是金山银山"理念的发源地和率先实践地,绿色生态已成为浙江靓丽的金名片,绿色发展已经成为浙江干部群众的共识。必须扛起生态文明建设先行示范的使命担当,构建美丽城市、美丽城镇、美丽乡村有机贯通的美丽浙江建设体系,打造"千万工程"升级版,加快建设全省域美丽大花园,着力打造现代版"富春山居图";继续坚定不移沿着"绿水青山就是金山银山"的路子走下去,持之以恒地推进生态省建设,夯实已取得的丰硕理论制度成果与实践经验。

第二节 "八八战略"

2003年7月,时任浙江省委书记的习近平就聚焦"发挥优势,补齐短板"两个关键问题,以浙江经济社会发展转型升级为基础,全面系统阐释了面向未来发展的八项举措,即进一步发挥八个方面的优势、推进八个方面的举措,这一决策部署成为引领浙江发展的总纲领与总方略,简称"八八战略"。在此基础上,衍生出了从"美丽浙江"到"美丽中国",从"平安浙江"到"平安中国",从"法治浙江"到"法治中国",从"文化大省"到"文化强国",从"浙江精神"和"红船精神"到"中国精神",从"再创体制机制新优势"到"全面深化改革",从"巩固八个基础,增强八种本领"到"新时代党的建设总要求"等一系列思想成果。作为指导地方治理实践的理论产物,"八八战略"与中国式现代化理论在精神上高度契合、逻辑上一脉相承、布局上协调统一,成为对中国式现代化理论的先行探索与试点。

一、理论内涵

"八八战略"虽是一个省域层面的战略,但主政者具有世界眼光与战略思维,具有总览全局的能力,放眼全局谋一域,把握形势谋大事。"八八战略"中的两个"八",含义各不相同。第一个"八"指的是,发挥浙江的城乡协调发展、块状经济、体制机制、生态环境、区位、山海资源和人文等特征,将潜在优势转变为现实积淀;第二个"八"指的是,探索与完善相应实施机制,进一步培育和转化优势,推动浙江发展再上新台阶。

习近平总书记在《干在实处 走在前列》一书中提出,"八八战略"主要精神包括进一步发挥浙江的体制机制优势,大力推动以公有制为主体的多种所有制经济共同发展,不断完善社会主义市场经济体制;进一步发挥浙江的区位优势,主动接轨上海、积极参与长江三角洲地区合作与交流,不断提高对内对外开放水平;进一步发挥浙江的块状特色产业优势,加快先进制造业基地建设,走新型工业化道路;进一步发挥浙江的城乡协调发展优势,加快推进城乡一体化;进一步发挥浙江的生态优势,创建生态省,打造"绿色浙江";进一步发挥浙江的山海资源优势,大力发展海洋经济,推动欠发达地区跨越式发展,努力使海洋经济和欠发达地区的发展成为浙江经济新的增长点；进一步发挥浙江的人文优势，积极推进科教兴省与人才强省；进一步发挥浙江的环境优势，积极推进以"五大百亿"工程为主要内容的重点建设，切实加强法治建设、信用建设和机关效能建设。

二、概念外延

"八八战略"是习近平同志在浙江省工作时亲自擘画实施的引领浙江发展、推进浙江各项工作的总纲领与总方略，是中国特色社会主义理论在省域层面的实践创举，是中国式现代化地方先行探索的总战略，是习近平新时代中国特色社会主义思想在浙江萌发的集中体现。具体而言，深入实施"八八战略"必须牢牢把握五个基本要求。

（一）首要任务——坚持推动经济持续健康发展

中央对整个中国作出了"本世纪头二十年处于重要战略机遇期"的重要判断，世界科技革命产业转型的潮流方兴未艾。历经充分调查研究，习近平同志代表省委系统地提出"八八战略"，就是着眼于破解浙江发展面临的根本性、前瞻性、长远性问题。在"八八战略"的指引下浙江逐渐实现了可持续性健康发展，在全国最早提出生态省建设方案，创立了"两山""两鸟"理论，打造了"五水共治""三改一拆"等转型升级组合拳。通过扩大体制机制优势、区位优势、块状特色产业优势、城乡协调发展优势、生态优势、环境优势、人文优势，借助深化创新、改革攻坚、持续开放，发掘经济社会高质量发展的新增长点，实现国有经济与民营经济"比翼齐飞"、社会主义与市场经济"共融共生"，引领浙江走出了一条基于浙江需要、具有浙江特色和时代特征的内源性发展道路。

（二）核心立场——坚持以人为本

"八八战略"要求把群众的期待作为发展的目标，把群众的需求作为政府的责任，常谋富民之策，多施惠民之举，使人民群众更充分地享受改革发展成果。一方面，要坚持改善民生的工作重点，努力在推动产业升级和经济转型中创造更高质量的就业、更高水平的收入、更加优美的环境；要努力保持物价总水平基本稳定，办好顺民意、解民忧、保民安的实事好事，不断提高人民生活水平。另一方面，要推进"民主恳谈""村民说事"等基层群众自治制度实践，着力打造民生议事堂平台；以数字化牵引、以基层为抓手，推动基层人大代表联络站迭代升级；深化"电子投票""基层协商""阳光村务"等实践，健全基层民主制度；打造"四张清单一张网"的"权力清单"制度，推动权力在阳光下运行。通过全面提高全过程人民民主制度化、规范化、程序化水平，打造"清廉浙江""法治浙江"的中国式现代化民主观的省域样本。

（三）工作着力点——坚持培育与转化优势

"八八战略"为浙江省前进中日益严重的发展空间和环境约束问题提供了解决方向，要以深化改革赋能创新发展，在制度创新、技术创新和结构调整中构筑发展新优势。一方面，抓好新空间、新产业、新企业的拓展和培育，加大对新兴产业、先进制造业、研发和技改投入，从供给侧推动经济转型和结构优化；加快打造"互联网+"、生命健康、新材料三大科创高地，以科创高地作为创新策源地，逐步走出从"低小散"向"高精尖"转型的高质量发展之路；加快推进"整体智治"数字化改革新模式，强力推进数字经济创新提质"一号发展工程"、营商环境优化提升"一号改革工程"、地瓜经济提能升级"一号开放工程"。另一方面，大力支持浙商创业创新和回乡发展，促进海洋经济和山区经济加快发展，扎实推进海洋经济发展示范区和新型城市化提升发展，推动现代服务业提速发展，加快形成新的经济增长点。

（四）根本方法——坚持统筹兼顾

"八八战略"不是彼此孤立、各自为营、零打碎敲的"单独作战"，而是从整体上构建点面结合、环环相扣的总体方案，与中国特色社会主义"五位一体"总体布局一脉相承，在"并联"与"串联"中统筹各区域和各领域的协调发展，并扎实推进工业化、信息化、城镇化和农业现代化同步发展，以工业化致富农民、以城市化带动农村、以产业化提升农业，促进城乡和区域协调发展。实施农村工作指导员与科技特派员制度的"山海协作"，推动海洋经济和陆域经济联动式发展；实施"以城带乡"，促进发达地区和欠发达地区跨越式发展；统筹物质文明与精神文明，推动经济高质量发展的同时，高度重视党建和文化领域的软实力提升。在此基础上，统筹推进经济强省、文化强省、科教人才强省和法治浙江、平安浙江、生态浙江建设，加快形成全面协调可持续发展的新格局。

第三节 政策历史性飞跃的经验与价值
——从"八八战略"到"重要窗口"

改革开放以来，我国几乎所有的重大政策突破都遵循了"由点及面"的经验升华与政策扩散路径，形成了"中央提出根本性原则与概念性构想——地方开展多样化的实践探索——成果经验凝练为整体改革方案——全国推广实施"的改革模式。对于顶层设计与地方自主探索的辩证统一关系，习近平总书记深刻指出"摸着石头过河"，是富有中国特色、符合中国国情的改革方法。"八八战略"作为引领浙江发展的总战略，以省域现代化探索的前瞻性、先行性与示范性，展现了一个地方经验引领中国式现代化建设的典型样本。回望浙江省"八八战略"20年风雨路程，始终坚持"人民至上"的价值追求、因时因地制宜的方法论逻辑以及改革创新的发展思路，在深化细化政策、研究谋划战略、挖掘创新潜力上持续发力，形成了典型的"浙江模式"，为新时代推动中国特色社会主义发展积累了丰硕经验。

"重要窗口"作为习近平总书记为浙江擘画的实现更高质量发展的新目标新定位，既包含对过去的肯定，又包含对未来的定位掌舵，为浙江实现新发展锚定了崭新起点，对浙江坚实扛起"三个地"的政治担当具有积极意义。从"八八战略"到"重要窗口"的伟大飞跃是中国特色社会主义制度在省域层面成功实践的生动体现，也是中国改革开放成就的生动缩影，其历史意义生动体现在对新时代中国特色社会主义的检验与践行中。

一、验证中国特色社会主义的科学性

"八八战略"取得的丰硕成果,以实际行动向中国和世界诠释了中国共产党为什么"能"、马克思主义为什么"行"、中国特色社会主义为什么"好"的制度密码。努力成为新时代全面展示中国特色社会主义制度优越性的重要窗口,是对浙江一以贯之落实"八八战略"的充分肯定,为浙江在崭新起点上擘画了新目标新定位,为浙江继续"干在实处永无止境"注入了强大精神动力,为浙江以"改革开放先行地"的政治自觉走好新时代长征路点亮了前进明灯。

(一)"八八战略"是中国特色社会主义理论的浙江样板

纵观浙江20年来的发展历程,"八八战略"作为一个极具开放包容性的战略框架,在全面统筹推进经济、政治、社会、文化、生态"五位一体"协调发展中展现出强大的生机与活力。面对百年未有之大变局,历届省委始终围绕"八八战略",坚持"一张蓝图绘到底、一任接着一任干",让浙江成为中国特色社会主义的重要创新之地、探索之地、发源之地。"八八战略"进一步奠定了浙江作为"习近平新时代中国特色社会主义思想重要萌发地"的重要地位,"八八战略"将中国特色社会主义与浙江具体实际相结合的伟大创新,既体现了中国特色社会主义的本质要求,又在实践中深化和发展了中国特色社会主义。

(二)"八八战略"是共同富裕的浙江样板

实现社会经济发展"两条腿走路"的浙江,在"十一五"期间已成为全国城乡居民收入差距最小的省份。回顾省域发展历程,浙江作为改革开放的先行地,很早就遇到了经济发展不平衡的社会性难题,浙江初期依靠发展"全民创业"与"百姓经济"实现了跨越式发展,但也加剧了城乡差距,基尼系数高于世界平均水平。经济学规律表明,发展共享性的或缺,将推高社会成本，最终传导为整个经济的停滞。此外，消除贫困、改善民生、逐步由先富带动后富实现共富是社会主义的本质要求，也是制度优越性的重要体现。"八八战略"的适时提出为创新发展理念指出了明确方向，要坚持推进新型城市化和城乡一体化，以落后地区为新的经济增长点，挖掘山区老区的发展潜力，扶持农村特色经济发展，健全社会再分配体制机制，将经济发展成果共享，实现人民的美好生活。

二、谱写中国特色社会主义发展的历史新篇章

改革开放是对中国特色社会主义认识逐步深化的过程，也是实现共产主义理想的渐进历程。习近平新时代中国特色社会主义思想的创造不仅来自21世纪马克思主义的创新实践，也与习近平总书记在浙江执政时提出的"八八战略"一脉相承。浙江根据实际发展的需要不断深化"八八战略"，衍生出法治浙江、平安浙江、生态省建设和文化大省建设等决策部署，进一步奠定了"改革开放先行地"的历史地位，并开启中国特色社会主义的地方实践新篇章。

（一）以"窗口意识"打造生态文明建设的浙江样板

习近平总书记将"绿色浙江"作为"八八战略"的重要内容正式提出，并在湖州安吉余村考察时进一步提出了"两山理论"，将对生态文明建设的认识提高到新的高度。"绿色浙江"为党的十八大将生态文明建设正式纳入中国特色社会主义总体布局，提供了理论基础、实践支撑与前瞻性布局。在生态省建设的推进过程中，"八八战略"把"绿色浙江"布局于"千万工程"，实践于"五水共治"，落实于"811"环境污染整治行动和发展循环经济，谋划于"诗画江南"与"美丽浙江"战略，这是打造中国特色社会主义生态文明制度优越性"重要窗口"的重要根基。

（二）以"窗口意识"打造全面建成小康社会的浙江样板

率先发展的浙江在全面建成小康社会决胜阶段，面临城乡发展不平衡

不充分、社会治理老大难等问题。"八八战略"以推动浙江新发展为主线，化压力为动力、化挑战为机遇，力求在全面建成小康社会的基础上，提前基本实现社会主义现代化。"八八战略"实施的"欠发达城镇奔小康""千万工程""山海协作工程""五大百亿工程"，以减少贫困人口、降低贫困发生率、消除贫困区域为靶向，按照经济社会发展具体实际和农民收入水平、消费水平、贫困类型变化现实，为落后山区、库区精准"造血"，创造性地开发"对点帮扶"与工业化、城镇化、农业现代化相结合的发展道路；创新因村因户因人对症下药的扶贫模式，从根本上解决了贫困问题，降低了贫困发生率，推动浙江农民收入持续较快增长，逐年缩小城乡居民收入差距。浙江特色的扶贫创新经验，为全国扶贫开发思路和政策创新提供了宝贵的浙江经验与浙江模式，也为党的十八大之后以习近平同志为核心的党中央提出并实施"精准扶贫"系统工程奠定了基础。

浙江省十四届二次全会正式提出奋力推进"两个高水平"[①] 建设的发展目标，坚定不移用"八八战略"引领浙江共同富裕和现代化先行，以"窗口意识"打造高水平全面建成小康社会的浙江样板。

---

① "两个高水平"是指高水平全面建成小康社会，并在此基础上，高水平推进社会主义现代化建设。

第二章　浙江省"重要窗口"建设的红色精神意蕴

　　红色基因是中国共产党在长期奋斗中锤炼形成的思想路线、光荣传统与优良作风，其内涵概括为"革命理想高于天的理想信念、以人民为中心的初心宗旨、与时偕行的发展理念"。长期奋斗的革命、建设与改革实践是红色基因的能量宝库，已衍生出红船精神、井冈山精神、长征精神等精神形态。随着时代发展与社会进步，红色基因将有新时代的新表达，其概念外延不断拓展，但其中蕴含的精神内核将历久弥新。

　　嘉兴南湖红船是中国共产党梦想启航的地方，"红船精神"既是红色基因的重要组成部分，也是中国革命精神的源头。"红船精神"是中华民族一种独有的精神形态，是在近代中华民族拯救民族危亡、实现民族独立的革命实践中形成的，并在中华民族所经历的新民主主义革命、社会主义革命和改革开放这一系列革命实践中不断得到继承和弘扬。浙江省以"红船精神"为指引，对标对表"重要窗口"，遵循"人民至上—政治建设—抢占发展高地—革新发展格局"的实践理念，坚持以人民为中心，把政治建设摆在首位，抢占数字经济新高地，为发展新时代中国特色社会主义提供"浙江经验"。

　　从"红船精神"到建设"重要窗口"，体现出习近平总书记对浙江高质量发展的持续思考和殷切嘱托。本章在阐述"红船精神"的核心理念与时代价值的基础上，分析"红船精神"对于建设"重要窗口"的实践价值，为解构"红船精神"与"重要窗口"建设的互动关系提供学理逻辑与理论依据。

第一节 红船精神

红船精神的起源可以追溯到中国共产党的创建时期,1921年的夏天,中国共产党一大的13位代表在会议后期转到嘉兴南湖的一艘小船上。从此,中国共产党引领革命的航船,劈波斩浪,开天辟地,使中国革命的面貌焕然一新。2005年6月21日,时任浙江省委书记习近平在《光明日报》发表文章《弘扬"红船精神"走在时代前列》,首次提出"红船精神",并将其概括为"开天辟地、敢为人先的首创精神,坚定理想、百折不挠的奋斗精神,立党为公、忠诚为民的奉献精神"[①]。

一、核心理念

(一)初心使命

马克思主义政党的诞生是中华民族历史上开天辟地的大事变,嘉兴南湖小船成为新民主主义革命的源头象征。党的一大通过的第一个纲领旗帜鲜明地表明"中国的先进分子经过长时期的艰苦探索,找到马克思主义这个正确的革命理论,认识到只有社会主义、共产主义才能救中国"。马克思主义主流意识形态地位的确立,成为中国先进知识分子改造中国的世界观和方法论,滋养和开垦了鸦片战争之后中华民族逐渐失落、荒芜的精神家园,中国革命的面貌就此焕然一新。党的创建者中大多数是当时中国优秀分子的集中代表,是以天下为己任的理想主义者,他们站在新文化运动的起点上,超越了以往仁人志士的追求,怀揣着用马克思主义来"改造中国和世界"的理想,完成了"开天辟地的大事变",充分展现了首创、奋斗和奉献的红船精神与革命理想。

---

① 2005年6月21日,光明日报《弘扬"红船精神"走在时代前列》。

初心使命是"红船精神"的核心理念之一,在中国共产党各个时期均贯穿着这种使命精神。其要求中国共产党人始终坚持立党为公、执政为民,始终保持党同人民群众的血肉联系;要求党员干部始终坚守为人民谋幸福、为民族谋复兴、为世界谋大同的初心,把人民的利益放在首位,以自己的实际行动,团结带领亿万人民为实现"两个一百年"奋斗目标、实现中华民族伟大复兴中国梦、实现共产主义的宏伟目标而共同奋斗。

(二) 自我革命

中国共产党能够始终站在历史和时代发展潮头的制胜法宝正是掌握了马克思主义立场、观点和方法,敢于担起历史和时代的责任,不断推进实践创新与理论创新,不断开创马克思主义中国化的新境界。这种自我革命精神是面对"社会主义制度下的马克思主义执政党如何治国理政,走出一条优越于资本主义的发展道路,实现中华民族伟大复兴的中国梦"这一时代课题的精神基石。党的十八大以来,以习近平同志为核心的党中央顺应时代要求,勇敢担负起时代赋予的历史使命,始终把改革创新精神贯彻到治国理政各个环节。"四个全面"① 战略布局与新发展理念,彰显了对新的发展阶段基本特征的深刻洞悉,对社会主义本质要求和发展方向的科学把握,是马克思主义与中国实践相结合的新飞跃,是中国特色社会主义理论体系的新阶段。

"红船精神"要求共产党人时刻保持自我革命的精神状态,这是中国共产党一贯追求的重要原则。从南湖畔成立时只有50余人的小党,发展成为今天拥有9800多万党员的世界第一大党,组织建设成就斐然,但依然要保持忧患意识来看待党建所面临的诸多现实问题。党员干部要不断反思自身的不足,勇于自我革命,坚持党性原则,保持先进性和纯洁性。

(三) 创新创业

新文化运动期间,各种西方思潮在知识分子中传播,试图登上中国的

---

① "四个全面"是指全面建设社会主义现代化国家、全面深化改革、全面依法治国、全面从严治党。

历史舞台,实用主义、新村主义、基尔特社会主义、无政府主义等都擂鼓呐喊。以李大钊为代表的一批先进知识分子,没有一味地固守传统手段,拘泥传统思路,而是把目光投向了遥远的莫斯科,接受马克思主义,这集中体现了一种走在时代前列、勇于开拓进取的意识。历经百年发展后的中国,党情与国情都发生了重大变化,与时俱进的分析是"关乎党的建设有效运转,关乎党的执政地位"的因应之举。

创新创业的"红船精神"鼓励中国共产党人在实践中勇于变革与立业。党员干部要主动适应时代发展的要求,勇于开拓进取,不断探索新的理论和实践,推动党和国家事业创新发展。以创新的精神不断赋予党建新思路,构建新体制,引入新方法,创新党内治理模式,创新创业的精神是推动中国特色社会主义事业不断发展的不竭驱动力。

二、时代价值

(一)"红船精神"指引中国式现代化道路

"红船精神"是20世纪20年代前后中国早期共产主义分子对国家、对民族的强烈忧患意识的产物。早期的共产主义信仰者们,正是以一种强烈的忧患意识,在中国绝望的境地之中作出的政治选择,推进中国式现代化建设的伟大工程也需要"红船精神"所蕴含的忧患意识。

习近平总书记强调"一切向前走,都不能忘记走过的路;走得再远、走到再光辉的未来,也不能忘记走过的过去,不能忘记为什么出发"。[①] 红色基因在历史长河中始终发挥着重要作用,在民族危难之际激励人民迎难而上,在改革开放时期鼓励人民大胆创新。面临百年未有之大变局,中国共产党人仍然需要坚定马克思主义信仰,在红色基因的指引下带领全国人民实现中华民族伟大复兴的中国梦。

---

① 习近平总书记在《庆祝中国共产党成立95周年大会上的讲话》。

(二)"红船精神"粘合中国式现代化力量

鸦片战争后80年的历史进程中，国内各种政治派别在"建什么国、走什么路"的问题上存在诸多分歧。近代以来整个中国社会始终在探求"中国向何处去"的道路上。为实现中华民族的伟大复兴，中国的各种阶级力量与政治派别先后提出各类救国方案，并为此作出努力，但无论是救国图存的"变法梦"，还是中体西用的"洋务梦"，或是资本主义的"宪政梦"，都没有获得成功。在此背景下中国共产党把马克思列宁主义与工人运动相结合，以开天辟地的"红船精神"走出一条人类历史上从未走过的崭新道路，开辟了从新民主主义走向社会主义的独特实践。

红色基因根植于中华儿女的精神世界，在一代代共产党人对理想信念的坚守中不断丰盈和发展。"红船精神"凝聚了中国各阶级力量与政治派别的思想共识，成为引导社会价值、凝结社会共识的精神粘合剂，也是推进伟大事业的内生动力。红船见证中国共产党"开天辟地"的创建历程，引领了中国革命道路的前进方向，成为中国共产党探索救国救民道路的光辉起点。中国共产党带领人民推翻"三座大山"，赢得民族独立和人民解放，建立初步繁荣昌盛的社会主义大国，并在社会主义的道路上实现中华民族伟大复兴的使命。在国家建设时，红色基因是大公无私、艰苦奋斗的行动；在改革发展时，红色基因是开拓进取、勇于创新的感召；在疫情暴发时，红色基因是心怀家国、甘于奉献的担当。

(三)"红船精神"滋养中国式现代化精神

独具中国特色的红色基因是领导新民主主义革命、社会主义建设与改革取得历史性成功的信仰源泉，是增强民族凝聚力、实现中华民族伟大复兴的精神动力。习近平总书记对"红船精神"基本内涵的理论概括为当代中国精神奠定了基础，习近平总书记亲切地把红船称为党的"母亲船"，提出要永远铭记党的"母亲船"、重温红船的历史沧桑，他强调"思想政治受洗礼，重点是教育引导广大党员干部坚定对马克思主义的信仰、对中国特色社会主义的信念，传承红色基因"。新时代传承红色基因，就是要从中国共产党的伟大历史实践中汲取并发扬优良传统，不断增强改革和实践能力，将"红船精神"融入中国特色社会主义伟大实践之中。

第二节 红色基因划时代传承的逻辑与价值
——从"红船精神"到"重要窗口"

2005年6月21日，时任中共浙江省委书记习近平在《光明日报》发表署名文章《弘扬"红船精神"，走在时代前列》，首次公开提出"红船精神"的概念，并对"红船精神"的内涵进行了概括和论述。2020年初春，习近平总书记赴浙江考察时，赋予浙江"努力成为新时代全面展示中国特色社会主义制度优越性的重要窗口"的新目标新定位。从"红船精神"到建设"重要窗口"，体现了习近平总书记对浙江发展的持续思考、精准把脉和远见卓识，体现了习近平总书记对省域全面高质量发展的持续深入思考和远见卓识，体现了"红船文化"由精神理想转化为现实策略的生动图景。"红船精神"对于建设"重要窗口"的深层价值表现为首创精神孕育建设"重要窗口"的实践品格，奉献精神指明建设"重要窗口"的实践旨归，奋斗精神激发建设"重要窗口"的实践动力。

一、红色基因与建设"重要窗口"的契合机理

中国文化谱系中核心要素的红色基因，广泛存在于我国的不同时期和不同地区，它既是共产党人的精神内核，也是中华民族的精神纽带，"红船精神"是红色基因之始，红色基因是浙江省"重要窗口"建设的精神之源。浙江省建设"重要窗口"，既是传承"红船精神"的时代抓手，也是为红色基因不断发展提供丰富的实践经验。

（一）跨时空的历史关联

中华红色根脉"浙"样红。浙江共产党人在新民主主义革命、社会主

义革命和建设、改革开放和社会主义现代化建设时期以及中国特色社会主义新时代，都始终践行"坚持真理、坚守理想，践行初心、担当使命，不怕牺牲、英勇斗争，对党忠诚、不负人民"的伟大建党精神。"红船精神"萌生于建党初期，是新民主主义革命时期革命精神的典型代表；"大陈岛垦荒精神"产生于社会主义建设时期，是建设精神的最早展现；"浙江精神"形成与发展于改革开放后，是敢为人先奋斗精神的闪亮名片。

在浙江这片土地中孕育出的红色基因，蕴含着丰富的精神内涵，2006年时任浙江省委书记的习近平同志发表《与时俱进的浙江精神》署名文章，将与时俱进的浙江精神概括为"求真务实、诚信和谐、开放图强"12个字。在从革命走向建设、从改革开放走向深化改革的历史大潮中，红色基因不断内化为浙江人的精神品质，成为推动浙江中国特色社会主义实践长期勇立潮头的精神源泉，也让浙江省迎来了"两个先行"打造"重要窗口"的重大跃迁。

（二）内在理论关联

中华红色基因积淀于中国革命、建设与改革的历史进程中，是共产党人丰富的理论积累和精神血脉；"重要窗口"建设萌生于新时代深化改革浪潮下，是浙江人民在继承和发扬红色基因基础上具有开创性的实践探索。马克思主义认识论指出理论与实践是辩证统一的，两者在相互作用中不断发展。一方面，实践是认识的源泉和检验认识真理性的唯一标准；另一方面，科学理论可以更好地指导实践，达成实践目的。红色基因让浙江人民坚定了理想信念、增强了文化认同和政治认同，并将其外化为中国特色社会主义建设中的实践力量。同时，浙江在发展中不断总结经验、深化认识，结合具体实际丰富着红色基因的内涵和外延，也使中国特色社会主义制度的优越性得到更充分、更广泛、更深入的展现。以"红船精神"为代表的红色基因是建设"重要窗口"的精神之源，让新时代浙江"重要窗口"建设彰显出强劲的政策生命力与理论自信。

（三）外在实践关联

根植于中华民族血脉与灵魂的红色基因，为社会主义核心价值观提供了丰富的精神滋养，成为鼓舞和激励中国人民不断攻坚克难、从胜利走向胜利的强大信念动力。中国特色社会主义进入新时代，党和人民的各项事业都发生了历史性的变化，红色基因也在与时俱进，并将始终伴随着当代中国特色社会主义的伟大实践不断发展。改革开放后，面对以经济建设为中心的工作重心转移，浙江共产党人在践行初心、担当使命中作出诸多有益尝试，并取得丰硕成果。关于改革开放初期，温州改革是否符合社会主义方向曾经遭到很大争议。为此，时任浙江省委书记王芳亲率省委调查组赴温州开展调查，分析了温州农村的大好形势和发展趋势，同时着重肯定了温州农村经济发展的新路子，对赴温州调查的素材进行整理加工，写成《温州农村商品经济发展的调查》，发表于《红旗》杂志1986年第3期。随后温州再一次掀起了发展商品经济的热潮，"温州模式"不仅影响了全省，而且走向了全国，发挥了积极的示范表率作用。

习近平总书记曾在不同场合多次强调要铭记光辉历史、传承红色基因，红色基因是民族革命、改革开放和社会主义现代化建设的理论结晶，正是在红色基因的引领下，中华民族完成了从站起来到富起来的伟大飞跃，并朝着强起来的伟大目标扎实前进。

二、从"红船精神"到建设"重要窗口"的逻辑意涵

作为中华民族一种独有的精神形态，"红船精神"是在近代中华民族拯救民族危亡、实现民族独立的革命实践中形成的，并在中华民族所经历的新民主主义革命、社会主义革命和改革开放这一系列革命实践中不断得到继承和弘扬。"红船精神"引领中国共产党成功开辟了中国新民主主义革命道路、社会主义革命道路、社会主义建设道路、中国特色社会主义道路。在前赴后继的新民主主义革命实践中，"'红船精神'是铸就在中华儿女心中永不褪色的精神丰碑"。在这个过程中，"红船精神"蕴含的革命火种，由少数人倡导与掌握转变为中华民族全民的认可与践行，"红船精神"由无形的精神力量转化为坚实的物质力量与生动的革命行动。

习近平总书记在浙江省委十一届四次全会上指出，"浙江人的文化基

因孕育和造就了'自强不息、坚忍不拔、勇于创新、讲求实效'的浙江精神",这是"红船精神"在实践中的具体运用。改革开放以来,浙江以"敢教日月换新天"的首创精神,在改革开放进程中大力发展民营经济,形成经济发展的"浙江模式";以"弄潮儿向涛头立"的奋斗精神,在"七山二水一分田"的客观条件中,打造经济社会高质量发展的"浙江奇迹";以"我将无我,不负人民"的奉献精神,打造社会主义公平正义、城乡融合发展的"浙江样本"。进入21世纪,浙江发展经历了"粗放式发展—集约型发展—高质量发展"三个阶段的发展转型,推动省域经济社会发展转型,率先拔得全面建成小康社会的"头筹"。但是改革开放后相当长的时间内,浙江坚持以经济建设为中心,聚焦省域物质文明建设,一定程度上忽视了精神文明建设。

习近平总书记在浙江工作期间,敏锐发现这种情况可能让浙江处于"单向社会"的状况,及时指出要重视人的精神需求。正是基于这些考虑,2003年7月10日,时任浙江省委书记的习近平总书记作出"八八战略"重大战略部署。"八八战略"是建立在中国特色社会主义制度基础之上的战略与制度安排,其科学性和正确性正是源自对"红船精神"的继承、创新与弘扬。在新时代坚持和发展中国特色社会主义的继往开来中,建设"重要窗口"是对"红船精神"最好的"活态传承",而"重要窗口"是"八八战略"在新时代浙江高质量发展进程中的新成果与新形式。以"红船精神"激励建设"重要窗口",是一种双向促进的过程,一方面要用"红船精神"引领建设"重要窗口",让红色基因持续彰显实践意义;另一方面要以建设"重要窗口"实现对"红船精神"的"活态传承",让红色基因在实践中实现继承和发展。这种"活态传承"是以现实的、外在性的社会实践来助益"红船精神"理论的、内在性转化,并展现和发展"红船精神"的价值追求和本质特征。

三、"红船精神"对于建设"重要窗口"的实践价值

"红船精神"是中华儿女奋勇前进的精神动力,也是中国精神的显著

体现。习近平总书记强调光荣传统不能丢，红色基因不能变。"红船精神"是建设"重要窗口"的源头精神，浙江建设"重要窗口"，是传承"红船精神"的时代抓手。分析"红船精神"激励"重要窗口"建设的实践价值，有助于解构"红船精神"与"重要窗口"的互动助益关系，焕发红色基因在中国式现代化建设中的鲜明印记。

（一）"重要窗口"建设的实践品格——首创精神

"重要窗口"作为中国特色社会主义伟大实践最亮丽的"浙江之窗"，是以习近平同志为核心的党中央赋予浙江光荣而神圣的时代使命。随着浙江省域改革的全面深化，建设"重要窗口"与全面深化改革的攻坚阶段在实践层面和时间层面高度重合，建设"重要窗口"所面临的将会是"难啃的硬骨头"。建设"重要窗口"的伟大实践需要伟大的精神作为指引，需要优良的精神状态来支撑和催化。浙江省委十四届七次全体（扩大）会议提出，要努力建设好十个方面的"重要窗口"，是首创精神在建设"重要窗口"上的实践运用和实践转化。弘扬开天辟地、敢为人先的首创精神，有效回应了建设"重要窗口"的实践要求，展现了建设"重要窗口"的实践品格。首创精神所代表的"红船精神"将为人民赋予强烈的使命担当和巨大的政治勇气，助益不断开创中国特色社会主义事业新局面，不断推动中国特色社会主义道路、理论体系、制度和文化创新发展，而"重要窗口"建设也将为"红船精神"赋予实践价值。

（二）"重要窗口"建设的实践旨归——奉献精神

立党为公、忠诚为民的奉献精神，既昭示着中国共产党奉献精神的产生根源，亦昭示出中国共产党领导的革命、建设、改革不断由胜利走向胜利的根源，即全心全意为人民服务的实践宗旨。正如马克思、恩格斯在《共产党宣言》中所宣示的，无产阶级的运动是为绝大多数人谋利益的独立运动，作为无产阶级运动领导者的共产党人，没有任何同整个无产阶级的利益不同的利益。立足新时代来努力建设"重要窗口"，需要进一步重申并明确奉献精神所规定的"红船精神"，将立党为公、忠诚为民作为建设"重要窗口"的力量源泉，真正在建设"重要窗口"的伟大实践中，实现初心再回归、使命再出发。建设"重要窗口"要坚持以人民为中心，实现社会全面进步和人民全面发展，让"重要窗口"的建设成果为省域社会各界和全体人民共享，为新时代全面建成小康社会、实现社会主义现代化提供浙江经验和浙江方案，向世界展示最具特色的精神与文化发展特征。

（三）"重要窗口"建设的实践动力——奋斗精神

坚定理想、百折不挠的奋斗精神作为指引中国共产党进行伟大斗争的精神支柱，明确了中国革命、建设、改革的远大理想和坚定信念，规定了中国共产党追求远大理想所应该具有的精神状态和奋斗姿态。浙江要培育与"重要窗口"目标定位相符合的精神文化，"红船味""浙江味"的奋斗精神文化是浙江发展走在前列的深层动力。空谈误国，实干兴邦。有了共产主义远大理想和"红船精神"所开创的中国特色社会主义坚定信仰，还需要在具体的实践中百折不挠地奋斗。实干也是建设"重要窗口"最终转化为现实实践的中介环节和关键之举。对标"重要窗口"新目标新定位，更应该高度重视精神状态和精神基因的动力作用，逐渐以奋斗精神统领激活省域精神状态，为建设"重要窗口"照亮前路。

第三章　浙江省"重要窗口"建设的经济实践

衡量一个社会制度先进与否、优越与否，最根本的标准就是生产力发展水平。浙江省作为东部沿海省份，民营经济发达、市场经济活跃，在践行"八八战略"，奋力打造"重要窗口"的过程中，始终围绕"国内大循环为主体、国内国际双循环相互促进"发展新格局，坚持有效市场和有为政府相统一，加快"腾笼换鸟、新旧动能转换"，纵深推进数字浙江、网络强省建设，强化数字经济"一号工程"，积极培育建设世界级先进制造业集群和"互联网+"科创高地，在产业数字化、数字产业化与数字化治理方面取得了积极成效。2022年浙江省数字经济核心产业增加值为8977亿元，比上年增长6.3%，占GDP比重提升至11.6%，较"十三五"规划初期实现整体翻番，省域产业数字化指数连续3年位居全国第一。

2021年5月20日，中共中央、国务院正式印发《关于支持浙江高质量发展建设共同富裕示范区的意见》，浙江省又一次站在新起点上，承担起为全国实现共同富裕先行探路的时代使命。同年7月，浙江省推出首批涉及缩小地区差距等6大领域的28个共同富裕试点项目。试点以探索共同富裕实践为起点，以实现全域转化为终点，为全国的面上改革作出有益探索。浙江省各个职能部门借助政府网站、报纸等多渠道媒介，及时公布共同富裕案例与成功经验，2023年国家发展改革委印发《浙江高质量发展建设共同富裕示范区第一批典型经验》，提炼出"亩均论英雄、数字经济""一号工程""两进两回"行动、"山海协作"等十条成熟度非常高的典型经验做法。

第一节 "重要窗口"建设之数字经济厚积薄发

2018年11月5日，习近平主席在中国国际进口博览会开幕式的主旨演讲中宣布支持长江三角洲区域一体化上升为国家战略，国务院联合相关部门相继印发了《长江三角洲区域一体化发展规划纲要》《长三角生态绿色一体化发展示范区总体方案》。2020年8月习近平总书记在推进长三角一体化发展的座谈会中提出，要深刻认识长三角在国家发展中的作用与地位，紧扣高质量与一体化两个关键词，坚持问题和目标导向相统一，做到埋头苦干、真抓实干。"高质量"是落实新发展理念的内生要求，需要矢志创新；"一体化"是区域协同发展的最高形态，需要长期融合。高质量一体化是长三角实现经济社会协同发展、新旧动能转换、产业结构优化的必经之路，对优化社会主义市场经济体系、推进全国高质量发展具有引领和示范作用。

以数据资源为关键要素、以数字技术为支撑的数字经济在重塑地区经济竞争格局中发挥了引擎作用，长三角地区已成为国内数字经济的产业高地。2020年区域内部数字经济规模达10.83万亿元，约为同期GDP的44%，约占全国数字经济总量的28%。上海积极布局工业互联网，首倡城市数字化转型，从"治理、经济、生活"维度全方位完善数字化建设，数字经济增加值占全市GDP比重连续四年超过50%；浙江省多举措推动数字产业化、产业数字化和数字化治理，新零售、跨境电商、金融科技等新业态蓬勃发展，"最多跑一次""掌上办事"改革实现了数据驱动公共服务与社会管理的新方式。江苏省主攻产业数字化，基于"企业上云"，推动大数据、云计算、物联网在工业企业应用普及，实现轻工、机械、纺织等传统产业的品牌化和高端化发展，打造具有国际竞争力的先进制造业集群和特色产业基地。安徽省加快推进"两地一区""数字江淮"建设，统筹成立了5G建设专项协调小组，打造"随时办""皖事通办"服务,"芯屏器合"现代产业体系和政府治理智慧化水平稳步提升。本书基于实证分析,从辐射效应、外向联系、辐照网络视角量化和解构长三角地区的产业耦合机制,以高质量一体化发展的标准评价数字经济水平。

一、文献综述

(一)长三角数字经济的高质量发展水平

周晓辉(2021)基于数字经济与先进制造耦合发展关系,编制经济水平测度体系,研究发现长三角数字经济已从低度耦合发展到高度耦合协调,江苏、浙江的融合程度较高,安徽数字经济尚未达到融合发展阶段;郑瑞坤、汪纯(2021)融入文本数据挖掘思路,构造和量化长三角27个城市的高质量发展指数,实证结果表明长三角高质量发展处于中等偏下水平,区域高质量发展的城市差异显著,在样本期内各城市基本维持了现有经济发展态势,未发生跨状态转移现象。彭刚等(2022)制定了经济综合评价指标体系,基于省际面板数据实证检验数字经济与高质量发展存在显著正相关关系的理论假设,且东部地区中数字经济对高质量发展具有更为积极的作用。陈建军(2020)对于长三角数字经济的高质量发展提出了较为详细的政策建议,认为经济高质量发展关键点在于将虚拟与实体经济结合起来,深度融合数字经济与实体经济,加快长三角新旧动能的转换,通过建立新经济体系,实现更高质量、更可持续、更公平的区域一体化发展。

(二)长三角数字经济的一体化发展水平

姜雯雯(2019)基于总体数字经济指数,指出长三角城市群已成为我国数字经济的城市集聚区,产业规模领先于珠三角与京津冀地区。但区域内部城市差异显著,杭州与上海组成数字经济发展的第一梯队,扬州市、盐城市、安庆市受限于经济基础孱弱,数字经济指数较低。数字经济体系中的城市地位由经济水平、产业数字化与信息化程度等多因素共同决定，提升信息基础设施有助于经济基础较差地区的产业升级，继而推动数字经济发展。王玉、张占斌（2021）以中国七大城市群作为研究对象，通过构建数字经济发展和区域一体化指标，量化数字化产业变革与区域生产要素配置、高质量一体化的关系，研究结果表明长三角、珠三角、京津冀一体化水平呈现上升态势，数字经济发展提高了创新、环境、产业结构一体化水平，但降低了区域经济增长一体化水平，加剧了资本要素的配置不平衡。

（三）长三角一体化与高质量发展

胡彬（2019）基于相关政策梳理了长三角区域一体化的发展历程，总结国家区域政策导向转变和开放模式创新后区域发展面临的新挑战，从创新驱动力、培育比较优势、优化区域内部空间组织关系层面解析长三角区域高质量一体化内涵。程必定（2019）以四次工业革命的时代背景分析了产业与国家发展的关系，引出高质量一体化发展中长三角的示范担当，理论透视了高质量一体化与国家战略发展的内涵，提出智能化发展路径，并展望了长三角地区的智能社会。郭湖斌、邓智团（2019）基于长三角地区统计数据，从经济增长变异系数、经济规模、产业结构变动与制造业升级三个维度，分析长三角经济一体化高质量的发展特征。研究发现长三角多中心均质化发展趋势明显，核心城市与上海经济总量的差距缩小；经济增长变异系数降低，趋同性一体化特征显著；制造业升级和产业结构变动趋势揭示了逐步提升的长三角经济一体化质量。陈雯等（2021）从长三角一体化发展的战略意义切入，梳理了中央政府及三省一市的区域一体化落实情况，系统阐述了一体化与高质量的内涵及相互关系，指出社会公平、生态安全和经济集中的空间优化准则，提出了高效率、差异化、包容性和可持续的政策建议。

高质量一体化作为一个区域经济发展的新议题，相关的系统性研究较少，且现有文献存在三个问题：理论分析多于实证研究，结果可信度和建议科学性存疑；指标体系过于简化，没有兼顾高质量与一体化的双重目标；

长三角城市群概念范畴没有紧跟最新的政策趋势,导致分析结果的未来适用性不强。本书将城市视作区域系统的空间节点与研究对象,通过构建城市维度的高质量一体化指标体系,量化长三角41个城市数字经济水平,并以此评价区域产业发展现状,提出针对性的政策建议。

二、研究设计

基于高质量与一体化的双重语义,从"辐射效应""外向关联度"与"辐照网络"三个维度进行长三角数字经济研究。其中"辐射效应"与"外向关联度"分别表征了城市间"一对一"单向赋能、"一对多"双向耦合的产业关系,量化的是区域核心城市的数字经济引领性,"辐照网络"评价了城市间"多对多"的双向复合关系,体现的是区域内数字经济同频共振程度。本书研究脉络的特征为逐渐放宽分析口径、逐渐丰富作用关系,通过梳理与计算江浙沪皖三省一市的年鉴数据,归纳探索长三角数字经济的产业特征与协同规律。如图3.1所示。

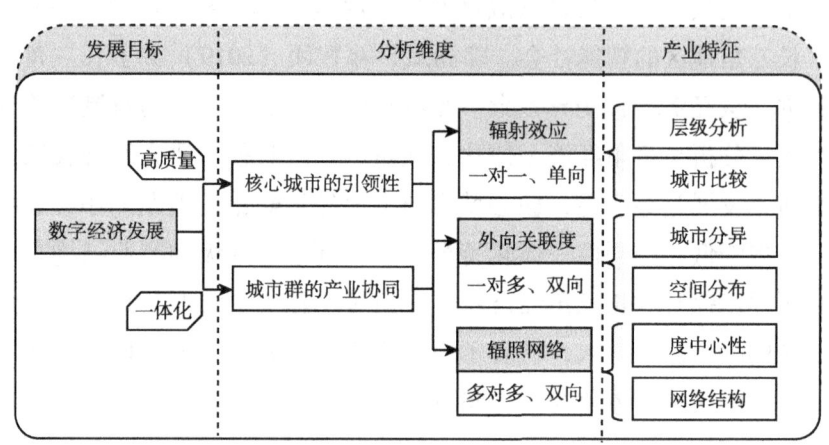

图3.1 数字经济高质量一体化研究路线

(一)空间范围与数据来源

长三角地区拥有我国最发达的城市群,《长江三角洲地区区域规划》

《长江三角洲城镇群规划》分别将城市范围划定为江浙沪两省一市与江浙沪皖三省一市。国务院印发的《长江三角洲区域一体化发展规划纲要》中将规划范围涵盖至上海市、江苏省、浙江省、安徽省全域。随着产业和经济协同发展程度不断加深,长三角已不仅仅是地理概念,其概念扩容是可预期的,为保证分析结果的未来适用性,江浙沪皖三省一市的全部41个城市均是本书研究的评价对象。

长三角城市群相关数据取自《中国城市统计年鉴》《中国统计年鉴》《中国高技术产业统计年鉴》《中国劳动统计年鉴》《中国环境统计年鉴》《长三角统计年鉴》《上海统计年鉴》《浙江统计年鉴》《江苏统计年鉴》和《安徽统计年鉴》,时间范围为2016~2020年的5个自然年度,并采用线性回归的方式拟合补齐缺漏数据。

(二) 计量模型

1. 数字经济辐射效应

基于经济辐射效应与城市引力在作用机理与表现特征方面的相通之处,在传统引力模型的基础上,运用"熵权法"优化了简单指数计量方法,构建了系统化的数字经济辐射模型:

$$D_{ii'} = K_{ii'} \frac{\sqrt[3]{S_i \times C_i \times E_i} \times \sqrt[3]{S_{i'} \times C_{i'} \times E_{i'}}}{R_{ii'}^2} \tag{3.1}$$

其中,$D_{ii'}$表征城市 i 对城市 i' 的辐射效应,$S_i \times C_i \times E_i$ 与 $S_{i'} \times C_{i'} \times E_{i'}$ 分别代表城市 i 与城市 i' 的数字经济发展程度,如表3.1所示,数字产业化、产业数字化、数字化创新、数字化设施、政府治理和数字经济企业自治由6个二级指标、15个三级指标与45个四级指标构成,S 为产业投入、C 为发展环境、E 为经济产出,R 为各个城市物理距离。增补修正系数为 K,以兼顾数字经济与产业发展潜力、发展效益和发展结构的关系。

$$K_{ii'} = \frac{GDP_i}{GDP_i + GDP_{i'}} \tag{3.2}$$

本书对于数字经济公司的定义是主营业务涉及"数字经济"关键词的市

场主体，从空间和时间两个维度分别测算 2016~2020 年江浙沪皖各个城市的数字经济辐射水平。在对时间维度考察时，评价对象 m=5，表示 2016~2020 年的样本周期。在对空间考察时，评价对象 m=41，代表长三角 41 个城市。评价指标 n 依次为 14、13、18，表征一级指标是其分别为 S、C 和 E 时数字经济发展水平评价体系对应的二级指标。具体步骤如下：

整理形成原始数据矩阵，设有 n 个指标，m 个对象。

$$X = \begin{bmatrix} x_{11} & x_{12} & \cdots & x_{1n} \\ x_{21} & x_{22} & \cdots & x_{2n} \\ \vdots & \vdots & \ddots & \vdots \\ x_{m1} & x_{m2} & \cdots & x_{mn} \end{bmatrix} = (X_1, X_2, \cdots, X_n) \quad (3.3)$$

$x_{ij}(i=1,2,\cdots,m; j=1,2,\cdots,n)$ 表征第 i 个评价城市的第 j 项二级测度指标数值；$X_j(j=1,2,\cdots,n)$ 表征全部评价对象第 j 项测度指标的列向量数值。数字经济各指标存在数量级差异，为消除量纲对量化结果的影响，本书运用极差标准化对原始数据进行归一化的无量纲化处理。

正向指标：$X_{ij} = (x_{ij} - x_{min} + 0.01)/(x_{max} - x_{min})$ (3.4)

负向指标：$X_{ij} = (x_{max} - x_{ij} + 0.01)/(x_{max} - x_{min})$ (3.5)

标准化前、后城市 i 的第 j 项指标数值分别采用 x_{ij} 和 X_{ij} 表示，x_{max} 和 x_{min} 分别代表第 j 项指标的最大值和最小值。全部指标皆增加 0.01，平移处理后以符合取对数要求。

核算城市 i 的第 j 项标准化后指标 X_{ij} 占该指标合计值的比例 y_{ij}，列示矩阵 $Y = (y_{ij})_{m \times n}$：

$$y_{ij} = \frac{X_{ij}}{\sum_{i=1}^{m} X_{ij}} \quad (j=1,2,\cdots,n) \quad (3.6)$$

求导第 j 项测度指标的信息熵 e_j，差异系数 v_j 和权重 w_j：

$$e_j = -k \sum_{i=1}^{m} y_{ij} \ln y_{ij} \quad (3.7)$$

$$v_j = 1 - e_j \quad (3.8)$$

$$w_j = \frac{v_j}{\sum_{j=1}^{n} v_j} = \frac{1 - e_j}{n - \sum_{j=1}^{n} e_j} \quad (j = 1, 2, \cdots, n) \tag{3.9}$$

逐一求解城市 i 的数字经济发展水平中产业投入 S、发展环境 C、经济产出 E：

$$S/C/E_i = \sum_{j=1}^{n} y_{ij} w_j \quad (i = 1, 2, \cdots, m) \tag{3.10}$$

2. 数字经济外向联系

为量化城市数字经济发展潜力，构建城市维度的数字经济外向联系模型：

$$I_i = \sum_{i'=1}^{n} D_{ii'} = \sum_{i'=1}^{n} K_{ii'} \frac{\sqrt[3]{S_i \times C_i \times E_i} \times \sqrt[3]{S_{i'} \times C_{i'} \times E_{i'}}}{R_{ii'}^2} \tag{3.11}$$

3. 数字经济辐照网络

本书借鉴了赵维良（2015）等的计量方法，基于"节点中心度"和"网络密度"量化的网络中心性数值，量化分析了数字经济的"核心—边缘"分异特征。

$$C_i = pc_i \times nd_i \tag{3.12}$$

$$pc_i = D_i / \sum_{i'=1}^{n} D_i \tag{3.13}$$

$$nd_i = \sum_{i=1}^{n} D_i / s_i \tag{3.14}$$

C_i 表征城市 i 数字经济辐射的网络中心性，代表了产业匹配程度以及资源控制水平，pc_i 为节点中心度，D_i 为城市 i 对区域内其他城市产业辐射程度的合计值，nd_i 为网络密度，s_i 代表城市辖区面积。

（三）数字经济指标体系

考察长三角数字经济的高质量一体化发展态势，需要对相关产业数据进行测算。本书基于《中国经济增长质量发展报告》，提出产业协调、创新设计、开放共享、绿色发展的理论内涵。结合评价科学性与可操作性、数据的易获取性与简明性，从产业投入、发展环境、经济产出三个维度编制数字经济高质量一体化评价体系。如表 3.1 所示。

表3.1 数字经济高质量与一体化指标体系

一级指标	二级指标	三级指标	四级指标	指标属性
产业投入 S（充分性）	数字化创新	研发资本	R&D 占 GDP 比例 数字经济企业 R&D 占收入比例 数字经济固定资产投资占社会总固投比例 数字经济企业研发员工人均工资	定量
		知识型人才	高等教育投入占 GDP 比例 25~34 岁人口中高等教育及以上学历比例 数字经济人才就业占比	定量
	数字化设施	ICT 基础设施	每万人计算机存储服务器数量 用户平均互联网带宽 移动宽带使用率	定量
		智能化基础设施	云计算资源接入用户数量 物联网终端企业用户数量 工业互联网企业用户数量 5G 基站覆盖比率 用电自给率	定量
发展环境 C（健康性）	政府治理	行业专项政策	地方政府数字治理政策 地方网络环境优化政策 地方数字行业发展政策	定性
		经济管理政策	地方专项财政政策 地方专项就业政策 地方其他社会保障政策	定性
		产权保护政策	企业知识产权保护政策 公众个人隐私数据保护政策 数字知识专利申请量	定性 定量
	企业自治	制度建设成效	信息或数据制度数量占全行业比重 用户管理制度数量占全行业比重 数字经济行业协会数量占全国比重	定量
经济产出 E（有效性）	数字产业化	软件信息服务业	软件产品收入规模 信息技术服务收入规模 信息安全产品和服务收入规模 嵌入式系统软件收入规模	定量

续表

一级指标	二级指标	三级指标	四级指标	指标属性
经济产出 E（有效性）	数字产业化	信息通信业	电信业务总量规模 移动互联网流量收入总量规模 百兆宽带用户接入比例	定量
		电子信息制造业	集成电路产业年增加值 智能硬件产业年增加值 通信设备制造业年增加值 计算机制造业年增加值	定量
		互联网及相关服务业	信息服务收入规模 互联网平台服务收入规模 互联网数据服务收入规模	定量
	产业数字化	数字化农业	农业互联网服务平台数量 农产品网络零售额比例	定量
		数字化工业	工业产出平均能耗值 单位产出工业废物排放量	定量
		数字化服务业	电子政务数字服务平台	定性

注：①定性评价采取虚拟变量，已发布制度或已上线平台赋值为 1，反之为 0；
②相关政策、服务平台的数据来自对 41 城市政府网站披露文件的文本分析；
③数据的时间节点为年，"数字产业化" 4 个三级测量指标参照工信部统计口径。

三、实证结果与分析

长三角是我国经济总量规模最大、发展速度最快、最具有产业潜力的地理板块。本书聚焦于数字经济产业，着眼于长三角 41 个城市，通过数字经济辐射程度、数字经济外向联系程度以及数字经济网络结构三个维度量化核心城市的引领性与城市群的产业协同度，分析并评价长三角高质量一体化水平。

（一）数字经济辐射效应

辐射效应表征了城市对区域产业发展的引领作用，城市之间的数字经济辐射更多体现的是单向赋能，A 城市对 B 城市的作用力强，不代表 B 城市一定能对 A 城市产生同等程度的作用。依据数字经济辐射模型将长三角城市分成七个经济辐射程度层级，研究发现数字经济经济辐射四级以上的 12 座城市与其他城市存在指标数据的显著差异。其中，上海、杭州、南京、宁波、无锡、苏州是数字经济辐射力较强的城市，而除徐州、淮安、连云港、泰州、宿迁、盐城、衢州、舟山、丽水、台州、合肥、芜湖、铜陵和马鞍山以外的长三角城市，其数字经济辐射力和被辐射程度都较弱。第六、第七层级城市的数字经济辐射力太小，本书未列式。

1. 辐射效应的级别差异

表 3.2 反映 2020 年长三角地区主要城市数字经济辐射程度级别，第一级别辐射效应值为 0.1～0.5，表征了上海对杭州和苏州、杭州对上海和嘉兴的产业赋能。随着数字经济"一号工程"、新一代信息基础设施建设以及智能制造相关人才的积累，杭州和上海在数字经济层面形成了较高的产业能级，并对相邻城市产生强大的带动和引领作用，这也验证了"G60 科创走廊"设立的现实意义。第二级别效应值为 0.05～0.1，包括上海对无锡、南京、宁波，杭州对苏州、南京、宁波，宁波对上海、杭州，南京对上海、扬州、镇江，无锡对苏州、常州，苏州对上海、南京、无锡的数字经济产业辐射。第三级别效应值为 0.02～0.05，分别为上海对合肥、南通；杭州对无锡、合肥，南京对杭州、无锡、苏州，无锡对上海、南京、杭州，苏州对杭州、南通、常州，南通对上海、苏州，合肥对南京的数字经济产业辐射。

表 3.2　　　　　　　　数字经济辐射程度

年份	城市	一级 (≥0.1)	二级 (0.05～0.1)	三级 (0.02～0.05)	四级 (0.01～0.02)	五级 (0.001～0.01)
2020	上海	杭州、苏州	无锡、南京、宁波	合肥、南通	镇江、常州、嘉兴	淮安、扬州、泰州、金华、舟山、绍兴、芜湖、马鞍山
	杭州	上海、嘉兴	苏州、南京、宁波	无锡、合肥	绍兴、常州、金华	南通、扬州、舟山、黄山

续表

年份	城市	一级 (≥0.1)	二级 (0.05~0.1)	三级 (0.02~0.05)	四级 (0.01~0.02)	五级 (0.001~0.01)
2020	南京	—	上海、扬州、镇江	杭州、无锡、苏州	合肥、常州、马鞍山	南通、淮安、宣城、滁州、泰州、宁波、湖州
	宁波	—	上海、杭州		绍兴	南京、无锡、苏州、嘉兴、舟山
	苏州	—	上海、南京、杭州	无锡、南通、常州	镇江、嘉兴	扬州、泰州、宁波、绍兴、舟山、合肥、芜湖
	无锡	—	南京、常州	上海、苏州、杭州	镇江、南通	扬州、宁波、嘉兴、湖州、芜湖
	南通	—	—	上海、苏州	南京、无锡	常州、杭州
	合肥	—	—	南京	上海、杭州	芜湖、马鞍山、苏州、镇江
	嘉兴	—	—	—	上海、杭州、苏州	南京、无锡、宁波、湖州
2016	上海	苏州	宁波、无锡、杭州	南京、南通、合肥	镇江、常州、嘉兴	扬州、泰州、金华、舟山、绍兴、芜湖
	杭州	—	嘉兴、上海、宁波	南京、苏州、无锡	合肥、绍兴、金华	常州、南通、舟山、黄山
	南京	—	上海、扬州、镇江	无锡、苏州、杭州	合肥、马鞍山	常州、南通、宣城、宁波
	宁波	—	上海	杭州	绍兴	南京、苏州、嘉兴、舟山
	苏州	—	上海、南京	杭州、无锡、常州	南通、嘉兴、镇江	扬州、泰州、宁波、合肥
	无锡	—	南京、常州	上海、苏州	杭州、镇江、南通	扬州、宁波、嘉兴、芜湖
	南通	—	—	上海、苏州	南京、无锡	常州
	合肥	—	—	南京	上海、杭州	芜湖、马鞍山、苏州、镇江
	嘉兴	—	—	—	上海、杭州	苏州、南京、宁波、无锡

比较2016年和2020年的数据信息，反映出三个问题。一是验证了数字经济的发展性，表现为各城市辐射级别的提升与辐射城市数量的增长，其中杭州仅用5年的时间成为同上海并驾齐驱的数字经济核心城市，领先于同为省会的南京和合肥；二是杭州对省内丽水、衢州的经济辐射弱于对相同城市能级黄山、镇江的作用，苏州对相邻城市无锡的经济辐射弱于对物理距离更远的南京与杭州的作用，这也验证了浙江省地理因素（多山）导致的空间断点以及江苏省内部城市产业同质化问题。

2. 辐射效应的城市异质性

基于2020年的量化数据，上海在长三角城市群落内数字经济辐射最强，覆盖各个作用级别。对苏州（0.316）、杭州（0.224）、宁波（0.082）无锡（0.071）、南京（0.064）、南通（0.048）、合肥（0.043）的作用力较强，其次是镇江、常州、嘉兴、淮安、扬州、泰州、绍兴等城市，上海对于长三角地区城市的数字经济辐射效应呈现南北延展强、东西纵深弱的扇形空间形态。

作为新一线城市领头羊和数字经济"新贵"，杭州在长三角群落中数字经济辐射也处于最强阵列，影响范围遍及江浙沪三地。具体而言，对嘉兴（0.224）、上海（0.205）、南京（0.083）、宁波（0.077）、苏州（0.063）、合肥（0.036）、无锡（0.027）的辐射最强，其次是绍兴、常州、金华、浙江北部、安徽东部和苏南的城市，对浙南、苏北和安徽北部的带动作用较小，杭州数字经济辐射效应呈现出北强南弱的圆形空间形态。江苏省会南京高校数量多，高新技术产业基础良好，其对周边城市的数字经济辐射分别为上海（0.051）、杭州（0.041）和苏南的镇江（0.084）、扬州（0.082）、无锡（0.027）、苏州（0.026）较强，对安徽合肥、芜湖、马鞍山等城市也存在作用力，对盐城、淮南、黄山、嘉兴、蚌埠等城市的辐射力较弱，南京数字经济辐射效应呈现出南强北弱的圆形空间形态。合肥近年来的发展成绩有目共睹，从"家电之都"到"IC之都"，再到"新能源汽车之城""最强风投机构"的运作越发娴熟。合肥对南京（0.028）、上海（0.017）、杭州（0.016）的数字经济辐射较强，其次是对芜湖、马鞍山、苏州、镇江。作为安徽省会城市，合肥对长三角区域内城市的数字经济辐射皆位于三级（0.02~0.05）以下，整体的数字经济辐射效应稍显薄弱，合肥数字经济辐射效应呈现出面向东南的扇形空间雏形。苏州、宁波、无锡积极发展产业数字化的新高地，数字经济辐射效应呈现出发散式的空间形态。

（二）数字经济外向关联度

外向关联度具有双性向和复合性特征，体现出各城市之间的产业耦合。A城市对B城市的产业联系密切，亦代表B城市与A城市存在同等程度的关联度。

1. 外向联系的空间分布

长三角数字经济外向联系符合空间相互作用理论中互补性、中介机会和可运输性的特征。上海、苏州城市制造业发达、杭州互联网企业"质与量"双高，错位竞争优势差异带来了数字产业化的互补性；苏南地区城市存在产业同质化问题，具备相互替代的中介机会；而数字经济的核心是资本、人才与技术，因此要素流动便利、可运输性强。

长三角数字经济"Z"形外向联系空间分布，呈现出强"V"形与弱"C"形相结合的态势。"V"形两轴分别沿沪宁线与沪杭线延伸至江浙两省，沪宁线主要位于江苏境内，各城市间的空间衔接度较好、产业排列紧密，但数字经济缺乏有效分工、存在同质化问题。沪杭线基本与"G60科创走廊"并行，块状产业耦合优势使得数字经济外向联系初具轴线形态，但地理因素导致城市空间断点、产业发展差异导致轴带不均衡仍是其主要问题。"C"形数字经济外向联系结构圈由上海、杭州、南京、苏州、宁波、无锡和合肥构成，串联起江浙两省的众多城市，但长三角数字经济外向联系的空间分布在安徽境内仍存在结构缺失的问题。

2. 外向联系的城市分异

基于数字经济外向关联度可将长三角城市分为五个级次，如表3.3所示。第一级城市分别是上海、杭州、南京、苏州、无锡、宁波、合肥，2020年外向关联度均在0.1以上，其中上海与杭州显著高于其他城市，体现出两座城市基于数字经济优势与周边城市形成了双向耦合的产业布局；

第二级城市分别是南通、常州、金华、温州、嘉兴、扬州等8个，2020年外向关联度值介于0.1与0.01之间，数值方面与第一级城市存在较大差距；第三、第四、第五级城市数字经济外向关联度值趋向于零，由于与第一级城市的空间距离过远，且自身缺乏产业内生性增长动能，数字经济处在培育阶段。

表3.3　　　　　长三角地区数字经济的外向关联度

年份	第一级	第二级	第三级	第四级	第五级
2020	上海（0.810）	南通（0.084）	徐州（0.0075）	连云港（0.00062）	宿州（0.00008）
	杭州（0.759）	常州（0.080）	泰州（0.0071）	铜陵（0.00047）	亳州（0.00005）
	南京（0.543）	温州（0.071）	台州（0.0062）	宣城（0.00041）	六安（0.00005）
	苏州（0.372）	金华（0.068）	宿迁（0.0061）	安庆（0.00035）	淮南（0.00003）
	无锡（0.365）	扬州（0.066）	镇江（0.0055）	滁州（0.00032）	淮北（0.00001）
	宁波（0.296）	嘉兴（0.047）	芜湖（0.0045）	丽水（0.00027）	池州（0.00001）
	合肥（0.174）	绍兴（0.031）	湖州（0.0031）	阜阳（0.00023）	
		盐城（0.014）	淮安（0.0027）	衢州（0.00021）	
			马鞍山（0.0011）	蚌埠（0.00019）	
				舟山（0.00014）	
				黄山（0.00010）	
2016	上海（0.763）	宁波（0.273）	嘉兴（0.0086）	芜湖（0.00061）	铜陵（0.00008）
	苏州（0.512）	南通（0.105）	绍兴（0.0073）	湖州（0.00057）	宣城（0.00007）
	南京（0.475）	合肥（0.076）	盐城（0.0062）	宿迁（0.00054）	安庆（0.00006）
	杭州（0.368）	常州（0.072）	徐州（0.0061）	淮安（0.00046）	滁州（0.00006）
	无锡（0.341）	温州（0.067）	泰州（0.0057）	马鞍山（0.00042）	丽水（0.00005）
		金华（0.064）	台州（0.0054）	连云港（0.00031）	阜阳（0.00004）
		扬州（0.061）	镇江（0.0051）		衢州（0.00004）
					蚌埠（0.00003）
					舟山（0.00002）
					黄山（0.00001）

比较2016年与2020年的数据，不难发现长三角城市群数字经济的外向关联度在稳步提升，其中合肥与盐城的外向联系程度获得大比例提升，这进一步验证了合肥市政府积极的高新技术产业布局以及盐城与京东等数

字经济企业合作已取得积极成效。而41个城市外向关联度指标的差异，映射了长三角地区数字经济"南北均衡""东强西弱"的耦合关系，外向联系量化结果反映出长三角大多数城市的数字经济仍处于初期发展阶段。

（三）数字经济辐照网络

数字经济辐照网络关注多城市主体、多方向的作用关系，相较于数字经济辐射效应与外向联系度的考量视角更为宏观和系统化。

1. 数字经济的度中心性

度中心性是测算网络分析中节点核心地位最直接的指标，数值越大意味着节点在网络中越重要。具体到数字经济领域，节点中心度越高表明城市在技术、资源等方面的连接性越好。上海（0.239）、杭州（0.215）、南京（0.147）、苏州（0.101）、宁波（0.095）、无锡（0.073）、合肥（0.047）、南通（0.031）、常州（0.022）、嘉兴（0.018）、扬州（0.002）、绍兴（0.002），这12座城市的节点中心度位于局域前列。中心度异质性是反映网络中各节点城市在某一特征中相异性的指标，长三角41个城市的网络异质性为21.63%。度中心性与中心度异质性的结果表明，长三角城市间数字经济发展程度差异较大，存在显著的资源集聚化特征。

网络密度测度了网络中各城市间产业协同的紧密程度，体现了网络整体的联动与辐射能力。网络密度越大，各节点的资源处理、吸收和传递功能就越强。研究结果表明，长三角城市群网络密度由2016年的0.035增长至2020年的0.041，城市间数字经济联系更为紧密，产业资源逐渐加强了在区域内部的流通性。具体来看，上海都市圈"1+8"城市的网络密度均值由2016年的0.061增长至2020年的0.125，杭州都市圈"1+5"城市的网络密度均值由2016年的0.045增长至2020年的0.106，南京都市圈"1+8"城市的网络密度均值由2016年的0.041增长至2020年的0.083，三大都市圈的网络密度远高于区域平均值，体现出区域中心城市与周边地区的联系更为紧密、产业协同程度更优。

度中心性注重城市规模匹配与功能协调，而不是资源的简单集聚，是节点中心度与网络密度运算后的综合指标。长三角城市数字经济的度中心性均值由2016年的0.012增长至2020年的0.017，具体来看，上海的度中心性由2016年的0.053增长至2020年的0.075，杭州的度中心性由2016年的0.037增长至2020年的0.066，南京的度中心性由2016年的0.036增长至2020年的0.054。核心和中心城市的度中心性远高于区域平均值，且相关指标保持增长趋势，体现出长三角地区日趋稳定的"核心—边缘"城市结构。

2. 数字经济的网络结构

统筹"度中心性""辐射效应"和"外向联系程度"的指标数据，可将长三角数字经济辐照网络分为五个层级。

（1）中枢结构——第一、第二级网络。

第一级网络以上海和杭州为核心。形成上海与杭州产业耦合，上海辐射苏州和无锡，杭州辐射嘉兴的"一"字形双核空间结构。第二级网络依然以上海、杭州作为数字经济的辐射源点，南京、苏州、宁波作为次一级的中心城市，增加了上海对嘉兴、宁波和南京，杭州对金华、苏州、无锡和绍兴，宁波对杭州、绍兴，南京对镇江的辐射，通过带动更多外围城市的产业协同，构成了长三角地区数字经济"钻石"形网络结构。

（2）关联结构——第三级网络。

数字经济第三级网络城市矩阵扩容为上海、杭州的双核心＋南京、宁波、苏州的三中心＋合肥、无锡、南通的三次中心。从东和西两个空间丰富了长三角数字经济网络结构。

（3）边缘结构——第四级网络。

第四级网络将常州、嘉兴、扬州和绍兴纳入节点城市，而暂未入列的金华、芜湖、温州、徐州、台州、湖州、淮安与前四级城市也表现出产业辐射。随着数字经济辐照网络结构的逐级细化，城市间的产业紧密性与复杂化特征显著增强，具体表现在第一、第二级城市的产业辐射效应进一步强化，存在数字经济外向联系的城市数量逐渐增多。第五层级网络中新增城市因数字经济发展程度较低、空间距离过于分散，网络特征并未显著，故没有单独列示。

四、结论与展望

本书构建了数字经济高质量一体化评价体系,并对城市群数字经济的空间分布特征及产业协同程度进行评价与验证,研究发现长三角数字经济具备先发优势,但高质量一体化仍处于初级阶段。

首先,长三角地区数字经济辐射效应呈现出"两超多强"和"东强西弱"梯度空间形态,且辐射效应在程度分级和城市差异两个维度体现出差异性。上海和杭州产业辐射效应涵盖了七个级别,南京、苏州、宁波与合肥的辐射效应分布于第二级至第七级,核心和中心城市对区域的产业赋能效果显著;但仅8个城市能发挥出前三级辐射效应,表明长三角地区外围城市受限于信息技术基础薄弱或制造业转型困境,缺乏数字经济辐射源动力和产业承载力。其次,长三角数字经济外向联系的总体空间结构呈现出强"V"形与弱"C"形相结合的"Z"形形态。上海与杭州显著高于其他城市,体现出两座城市与周边地区形成了更为密切的产业耦合关系。第二级和第一级城市差距较大,第三、第四、第五级城市外向关联度值趋向于零,数字经济外向关联度的城市异质性表明长三角地区仍处于产业转型阶段。最后,上海、杭州、南京、苏州、宁波、无锡、合肥的节点中心度、网络中心性大幅度领先于其他城市,且上海、杭州和南京三大都市圈城市的网络密度均高于区域平均值,这表明长三角数字经济辐射应该是城市能级"峰谷"差异显著的、卫星城市环绕中心城市的"组团"形形态;辐照网络形成上海和杭州双内核,上海、杭州、南京三中心,上海、南京、杭州、合肥四节点,多外延的"钻石"形嵌套结构,揭示了长三角城市群数字经济资源流动、产业分工协作的特征。上述研究结论,对于长三角数字经济高质量一体化发展具有重要的政策启示。

(一)遵循一体化,强化区域产业协同与错位布局

针对数字经济辐射效应验证的浙江产业空间断点以及江苏产业同质

化问题，需遵循一体化理念，错位扶持优势产业、优化数字经济的空间布局。具体而言，要以上海为中心，支持浙北和苏南地区积极发展总部经济、设计研发等资本密集型和知识密集型产业，协调杭州、南京、苏州、无锡、常州在新零售、人工智能、大数据、生物医药等高端制造前沿的差异化布局；适时推广和扩容《长三角生态绿色一体化发展示范区总体方案》，推动苏北、皖北发挥农业主产区优势，聚焦大健康等特色产业及配套产业的数字化转型；强化浙南地区坚守"绿水青山就是金山银山"的理念，通过绿色产业数字化推动生态环境优势转化为旅游、工业、农业等产业活力，将自然资本增值为高质量一体化注入新动能。

（二）紧扣高质量，推动中心城市的数字经济要素集聚

数字经济的协同布局离不开产业资源的集聚，而核心城市在全国范围内的全要素虹吸效应为区域资源集聚奠定了重要基础。长三角地区数字经济辐射效应、外向关联度和辐照网络均揭示了上海、杭州的数字经济集聚发展后，对周边地区形成的产业耦合关系与赋能效果。因此现阶段必须继续强化核心、中心与节点城市的数字经济建设，构建数字经济高地。上海传统工业积淀深厚，"十四五"期间应加速人工智能、大数据、互联网与实体经济深度融合，发挥生物医药、集成电路、人工智能的产业集群效应，为区域制造业数字化转型提供重要支撑。而杭州数字经济优势在于应用创新，基础创新能力相对较弱，应举全市之力发展城西科创大走廊，建设三大科创基地建设和世界级大科学装置群，推进之江实验室、西湖大学等重大创新平台以及阿里全球总部、OPPO终端研发总部、vivo全球AI总部等产业项目，推动区域数字产业化发展。南京、合肥、宁波、苏州等中心城市须加快创新行业基金和专项资金管理办法，增加优质公共服务供给，破除行政区划壁垒，促进更多社会资本、土地与人才要素流向数字经济。

第二节 "重要窗口"建设之共同富裕全面探索

党的二十大报告明确提出:"中国式现代化是全体人民共同富裕的现代化。共同富裕是中国特色社会主义的本质要求,也是一个长期的历史过程。"共同富裕具有内在社会主义的本质规定性,是中国式现代化的本质要求和重要特征。但是促进全体人民共同富裕是一项长期艰巨的任务,现阶段我国发展不平衡不充分问题仍然突出,城乡区域发展和收入分配差距较大,各地区推动共同富裕的基础和条件不尽相同。需要选取部分地区先行先试、作出示范。浙江省在探索解决发展不平衡不充分问题方面取得了明显成效,具备开展共同富裕示范区建设的基础和优势,具有广阔的优化空间和发展潜力。2021年5月20日,党中央、国务院印发《关于支持浙江高质量发展建设共同富裕示范区的意见》,这是以习近平同志为核心的党中央作出的一项重大决策。党中央赋予浙江高质量发展建设共同富裕示范区的新使命,为推动全国共同富裕提供了省域范例。

一、共同富裕的概念分析

党中央要求浙江省建设高质量发展的共同富裕示范区,这是发展型经济社会向共富型经济社会跃升的过程。高质量共同富裕不是封闭排他的共同富裕,而是开放包容的共同富裕;不是平均主义的均贫富,而是机会均等、先富带动后富的共同富裕。因此,共同富裕的内涵是经济发展以效率优先,兼顾公平;公共保障以公平优先,兼顾视效率。在做大收入"蛋糕"的同时切好"蛋糕",处理好公平与效率的关系,是一种全体人民共创共建共享的发展模式。

浙江省建设共同富裕示范区的需要关注广大农村居民、城市低收入群体和外来农民工群体,重点解决收入分配、公共保障、人居环境和文化生活等发展短板问题。其中收入分配问题是实现共同富裕的难点。因为收入分配问题的解决涉及深层次结构性矛盾的处理,关系国民收入的三次分配。具体来看,要解决好收入分配或居民收入差距悬殊的问题,一是经济社会的结构性矛盾。城乡基本公共服务尚不均等,城乡居民财产权利不平等,农村要素市场发展滞后等。二是国民收入分配的结构性矛盾,改革开放打破了吃"大锅饭"的平均主义,我国经济持续快速增长的同时,基尼系数也在不断上升,致使国民收入分配结构性矛盾凸显。三是供给与需求的失衡矛盾。除了老生常谈的内需不足问题,还出现了因新冠疫情冲击、中美贸易战、地区军事冲突等逆全球化动荡对我国经济发展产生的需求收缩、供给冲击、预期转弱压力。

二、浙江省共同富裕示范区建设的行动路线

2021年6月10日至11日,浙江省委十四届九次全体(扩大)会议审议并原则通过《浙江高质量发展建设共同富裕示范区实施方案(2021~2025年)》(以下简称《实施方案》),成立高质量发展建设共同富裕示范区领导小组,初步构建了共同富裕的目标体系与工作机制,逐步形成共同富裕示范区建设"1+7+N"重点工作体系和"1+6+n"重大改革体系。其中,"1+7+N"中"1"是一套评价指标。在此指导下,各地各部门明确从"7"个重点领域着手:分别是经济高质量发展、收入分配制度改革、公共服务优质共享、城乡区域协调发展、社会主义先进文化发展、生态文明建设、社会治理等,这也被称为"7条跑道"。"N"是重点推进的具体工作,打造形成共同富裕体制性制度性创新模式,如构建普惠托育服务体系、实施山区海岛县"一县一策"、开展全域文明创建等。而"1+6+n"中的"1"是指"扩中提低"重大改革。以此为统领,进一步理顺共同富裕体制机制,统筹推进共同富裕"6"大改革领域:经济高质量发展、公共服务优质共享、城乡区域协调发展、社会主义先进文化发展、生态文明建设以及社会治理;"n"就是围绕"1+6",结合中央要求和《实施方案》,细化实化改革举措,编制重大改革清单,实行清单化管理,分阶段有重点滚动推进。在高质量发展建设共同富裕示范区的过程中,浙江省逐步

确立了"扩中""提低"和"稳底板、扬长板、补短板、创新板、树样板"的共同富裕发展思路。

三、浙江省共同富裕示范区建设的典型经验

（一）浙江省的共富工坊

习近平总书记指出，促进共同富裕，最艰巨最繁重的任务仍然在农村。要建立更加稳定的利益联结机制，确保贫困群众持续稳定增收。近年来，浙江省委组织部充分发挥党组织政治功能和组织功能，坚持党建引领"共富工坊"建设，畅通村企合作渠道，搭建村企合作平台，促进农民家门口就业增收。"共富工坊"由村（社区）、企业等党组织结对共建，利用闲置房屋土地等创办工坊，引导有条件的企业把适合的生产加工环节布局到农村，有效吸纳农村剩余劳动力、低收入农户家门口就业，降低企业生产用工用地成本，实现送项目到村、送就业到户、送技能到人，推动实现农民增收、企业增效、集体增富，形成了"组织起来、一起富裕"的良好氛围。

1. "共富工坊"实践路径

（1）组织化共建。强化县乡党委统筹协调功能，将"共富工坊"纳入党建联建机制，精准衔接区域资源禀赋、产业布局、村情民情、企业需求等，组织协调企业与村（社区）结对。以党建带群建强企业党建，带动工会、共青团、妇联、残联等群团组织发挥群众工作优势，推动企业把党组织建起来、强起来。共建立4700多个工坊党小组，选派5600名机关、乡镇和企业党员干部担任工坊管家，加强对工坊的政治引领、运维管理和安全监督。

（2）市场化运作。①坚持企业所需、因坊施策。对"一村对一企""多村对一企"的"共富工坊"，依托结对企业提供兜底运营；对"一村对多企"的"共富工坊"，建立运营管理公司、经济合作联社等经营主体，加强工坊人员管理、订单生产和运行维护，提升标准化生产、品牌化经营、

专业化组织程度，确保工坊转得稳、有钱赚。②精准服务。搭建"县级中心＋乡镇站点＋村社服务点"三级服务平台，据统计，全省已建成服务平台（站点）675个，累计提供服务3.2万次，为"共富工坊"提供项目引进、就业培训、安全生产和社会保障等全链条支撑服务。③开展"侨助工坊"行动。为工坊对接落实5200多批次、33.5亿元订单。打造"共富工坊"数字化应用场景，已入驻市场主体4100余家，智能匹配供需1.2万次，及时解决工坊闲置、生产异常、安全隐患等问题。

（3）政策性支持。推动人才、政策、资金等下沉基层，对场地租赁、设备购置等进行适当奖补。引导律师、会计师、税务师深入一线为工坊提供专业指导，金融保险机构推出专项优惠贷款、商业保险等服务，累计为工坊发放优惠贷款16.8亿元。常态化组织科技特派员、企业技术人员等到工坊开展技术指导，2022年全省依托工坊累计开展各类培训8200余场、培训农民10.6万人次。

2. "共富工坊"价值

（1）农民增收。全省各地"共富工坊"已吸纳2.7万名低收入农户就业，人均月增收1600元；省妇联牵头打造634家巾帼"共富工坊"，帮助2.3万名农村妇女解决就业，人均月增收1800元；省残联依托残疾人之家等阵地开设工坊，累计吸纳2328名残疾人就业，人均月增收1500元。

（2）百姓增信。"共富工坊"让广大农民闲暇有事做、生活有盼头，搭建了连接党心民心的"致富路"和"连心桥"，让老百姓真切感受到党组织关心惠民，增强了群众对党的信任。同时，通过村集体闲置场地出租，采用村集体参股、企业分成合作、农户分红等方式，引导企业把产业增值环节更多留在农村、增值收益更多留给农民，发展了新型农村集体经济。目前，共有3200余个行政村通过"共富工坊"获得集体经济收入，每村年均增收约12万元。

（3）企业增效。"共富工坊"有利于企业降低生产成本，提高经济效益。例如，桐乡市洲泉镇与品牌企业合作，通过打造"黄金茧·共富工坊"，以销定产、手工拉制，使得黄金蚕丝被成本降低10%、售价提高15%，2022年企业增收900万元。

（二）浙江省的亩均论英雄

"七山一水两分田"的浙江省，经济发展受到资源、环境的制约。浙江省是全国典型的资源小省，人均水资源、能源、可利用土地拥有量，分别只有全国平均水平的 89.6%、0.5% 和 40%，自然资源丰度只有全国的 11.5%，仅略高于上海和天津。随着资源、环境等要素制约不断加剧，消耗式发展难以为继，"逼着"浙江必须寻找新的出路。2007 年，绍兴县率先开展"亩产论英雄"，探索破解资源环境约束、转变经济发展方式的有效途径。2017 年浙江省全面实施"亩均论英雄"改革，2018 年浙江省政府出台《关于深化"亩均论英雄"改革的指导意见》，2019 年浙江省政府办公厅出台《关于深化制造业企业资源要素优化配置改革的若干意见》促进"亩均论英雄"改革向纵深发展，通过企业亩均效益综合评价和资源要素差别化配置，推动资源要素向优质高效领域和优质企业集聚，努力实现效益最大化和效率最优化。

1. 构建亩均效益评价体系

围绕"论什么"，浙江省建立六大核心指标，算好经济账、资源账、环境账。以亩均税收、亩均增加值、单位能耗增加值、单位排放增加值、全员劳动生产率、研发投入强度为核心指标，全面建立涵盖工业、服务业以及各类园区平台的亩均效益评价指标体系。打通 20 个省级有关部门 15 类 132 项 5000 万条数据，开发浙里"亩均论英雄"数字化场景应用，让"评价数据多跑路、基层企业少跑腿"。2022 年，全省共完成 15 万余家工业企业亩均效益评价，实现规模以上工业企业和占地 3 亩以上规模以下工业企业的全覆盖。

评价过程突出分类分业，对抗疫物资类、医药类、民生保障类、科技创新类、新兴产业培育类、产业链关键环节企业等加大扶持培育力度；对初创企业、"小升规"企业、重大项目建设期内企业等，视情设置一定过渡期暂不评价；对高耗能高排放行业加大单位能耗增加值、单位排放增加值等绿色发展指标的权重。同时，鼓励各地结合当地发展基础和产业特色，丰富评价指标体系，既遵照全省统一的要求，又充分彰显地方特点，符合企业现实需求。

2. 建立正向激励、反向倒逼的工作机制

围绕"怎么论",浙江省坚持利用效率高、要素供给多。依据亩均效益评价结果,将企业分为A、B、C、D四个档次,全省统一、规范实施、政策协同。根据档次实施一系列税收、用地、用能、排污、科技、金融、财政等差别化政策,对A、B类企业给予优先支持,促进资源要素向亩均效益高的企业集聚,努力实现以最小的资源环境消耗换取最大的发展效益。2022年,全省针对亩均效益A、B类企业,减免城镇土地使用税39.5亿元,优先支持财政奖补资金289.5亿元,优先支持用地7.5万亩,有力促进了企业、产业转型升级。

同时,加大反向倒逼力度。加强对低效企业的综合治理,利用大数据分析全面筛选综合能耗高、单位产出低的企业,落实属地政府主体责任和职能部门的协同责任,推动整治工作清单化管理、闭环化管控、精准化整治,系统开展高耗低效整治工作,为发展腾出新空间。

3. 形成"比学赶超"的良性竞争氛围

创新实施"亩均效益领跑者"行动。通过公开公正评价,让"英雄"有地位。每年择优遴选出一批制造业、服务业、开发区、高新区、特色小镇、小微企业园"亩均效益领跑者",并在全省制造业大会上予以表彰。开发"亩均发展指数",对每一家企业形成"亩均体检报告",通过数字化应用将结果推送给企业,目前全省已有40591家企业收到推送。企业可据此详细了解自身各指标情况,对标所在行业、所在区域以及全省标杆值、平均值情况,精准分析差距和优势,形成争先进、促提升的浓厚氛围。

针对低效企业面临的共性问题,总结推广腾笼换鸟法、机器换人法、空间换地法、电商换市法、品牌增值法、兼并提效法、管理增效法、循环利用法、设计赋值法、新品迭代法等"提高亩均效益十法",从土地资源、空间利用、生产模式、品牌赋能等方面,精确瞄准企业痛点,有针对性加强帮扶指导,帮助低效企业提升亩均效益,让"英雄"竞相涌现。

(三) 浙江省的数字经济"一号工程"

2003年习近平同志在浙江省工作时作出了建设"数字浙江"的重要决策。20年来，浙江省始终遵循习近平总书记擘画的"数字浙江"蓝图，牢记习近平总书记关于做强做优做大数字经济的殷切嘱托，大力实施数字经济"一号工程"，开展数字经济五年倍增行动，以产业数字化、数字产业化、数字化改革为主线，走出了数字经济特色发展道路，形成了一批具有浙江辨识度的标志性成果，成为浙江高质量发展的"金名片"。2022年浙江省数字经济增加值占GDP比重和数字化综合发展水平均居全国第一。

1. 数字产业化

聚焦做强做优做大数字产业集群，紧盯国际数字产业发展前沿，加快提升数字经济核心产业规模和能级，促进科技创新和产业培育双联动。一是培育一批主导数字产业。做大集成电路、智能计算、新型显示等基础产业，发展云计算、大数据、人工智能等新兴产业，加紧布局区块链、虚拟现实、量子信息等前沿产业。二是培育一批骨干数字企业。鼓励领军企业做大做强，大力实施凤凰行动、雄鹰行动、独角兽行动，促进独角兽、准独角兽快速成长。加大重大项目招引，实施数字经济千亿元投资工程，强化产业基金引导。三是培育一批数字产业平台。大力支持之江实验室、浙江大学和阿里达摩院"一体两核"的数字创新平台建设，集聚高端人才，提升科研成果影响力，打造"互联网+"科创高地。四是打造创业创新最优生态。实施"产学研用金、才政介美云"十联动，完善技术创新服务体系；开展科技创新成果交易，完善成果转化激励机制。五是加强数字产业安全。率先出台公共数据条例，制定公共数据开放与安全管理暂行办法，加强公共数据安全及个人信息保护，严格落实数据安全主体责任，明确制度规范、技术防护和运行管理三大安全保障体系。

2. 产业数字化

加快推进互联网、大数据、人工智能和实体经济深度融合，全面推动制造、服务、农业数字化转型，培育新增长点、形成新动能。一是着力推进制造业数字化转型。以打造一批"无人车间""无人工厂"、推进一批数字化重大项目为重点，加快传统制造业数字化改造升级，推动工业互联网建设应用，助力企业加速从"制造"向"智造"转型。累计培育未来工厂52家、智能工厂（数字化车间）601家、省级工业互联网平台430家。二是全力推进服务业数字化转型。广泛培育智能化生产服务业，加快推进贸易数字化，拓展跨境电商等新型贸易方式，推进区块链、大数据等新技术与金融深度融合，大力发展数字生活新服务。三是大力促进数字技术与农业生产深度融合。实施数字乡村建设，以粮食生产功能区和现代农业园区为重点，大力推广农业物联网应用，实现数字技术与种植业、畜牧业、渔业生产深度融合应用。

3. 数字化治理

以政府数字化转型为切口，坚持以数字化改革为引领，不断创新数字化治理场景，拓宽数字经济富民惠民的新路径，实现数字生活普惠共享。一是加强法治建设。用法治为数字化改革保驾护航，在全国率先出台数字经济促进条例、电子商务条例等地方性法规，建立健全平台经济治理体系，制定平台经济监管20条，开发上线"浙江公平在线"，推动平台企业规范发展、创新发展。二是着力推进政府数字化转型。实施"最多跑一次"改革和掌上办事，搭建全省统一的移动政务服务平台"浙里办"，已汇聚3638项全省统一的政务服务事项、1500项便民惠企服务、40件多部门联办"一件事"。三是赋能公共服务优质共享。围绕人的全生命周期，用数字化手段推进基本公共服务均等化、15分钟公共服务圈、普惠托育服务体系、养老服务体系及新时代社会救助体系等重点工作。

（四）浙江省的"两进两回"行动

习近平总书记指出农村是促进共同富裕，最艰巨最繁重的任务。近年来，浙江省实施"两进两回"行动，实质性加速科技、资金、人才资源要素流向农村。2022年，全省农村居民人均可支配收入达3.76万元，较2017年增长51.56%，年均增长8.8%；城乡居民收入比降至1.90，低于全国2.45的水平，走出了一条城乡协调发展的路子。

1. 推动科技进乡村

建立农村科技特派员制度，根据各乡镇产业特点和发展需要，选派科技专家下沉并服务基层，充分利用派出单位的人才、项目、成果等农业科技创新资源，引领和支撑地方产业发展。目前浙江省共建有国家级、省级农业科技园区 56 个，省级重点农业企业研究院 50 家；主要农作物良种覆盖率 98% 以上，优质稻品种面积占比 75.5%，主要农作物耕种收机械化率 74.91%，农业科技进步贡献率 65.15%。2022 年全省共派遣科技特派员 5000 多人次，实施科技项目 534 个，省财政安排资金 6400 多万元，为受援地引进项目 180 个。2012 年以来共培训高素质农民和实用人才 270 万人次，入库实用人才 140 万人。强化农业新品种选育，创新推进现代农机装备研发。

2. 引导资金进乡村

（1）社会资金"上山下乡"运动。浙江省人民政府办公厅印发《关于扩大农业农村有效投资高水平推进农业农村现代化"补短板"建设的实施意见》，创新提出"补短板"建设 11 项标志性工程，加大对农业农村重点工作和关键领域环节的支持，预计"十四五"期间将带动 1 万亿元以上社会资金投资。按年度滚动编制农业农村重大项目实施计划，充分带动社会资金投资"三农"。2022 年全省共推进农业农村重大项目 557 个，完成投资 358 亿元。

（2）健全金融支农政策体系。组织浙江省内 26 家金融机构成立金融服务农业农村共同富裕联合体，与国开行省分行等 11 家金融机构签订战略合作协议，推进金融服务进乡村。创新"无感授信、按需增信、随时用信"农户小额普惠贷款模式，实现普惠金融授信服务全覆盖。2022 年全省涉农贷款余额 6.6 万亿元，其中农户贷款余额 2.5 万亿元，同比分别增长 19.6% 和 13.6%。

（3）打造财政惠农政策直通车。为了破解种粮补贴直达难，小农户参保难、融资难的问题，建立农业保险+涉农补贴+农业担保+涉农信贷"政银险担"一体化功能联合体。构建农业保险新型政策体系，通过整村参保、清单到户的方式，实现主粮作物保险覆盖面达 75% 以上。2022 年助力发放种粮补贴24.39亿元,其中中央一次性种粮补贴3.62亿元直达快享到农户。

3. 鼓励青年回农村

支持农创客赋能乡村振兴,通过将农创客纳入人才分类目录,给予落户、住房保障等方面的支持,引导大学毕业生积极投身农业农村创业创新。启动实施10万名农创客培育工程,从资金、用地、科技、人才等方面扶持农创客发展,不断优化提升农村创业环境,将新理念、新思维、新方法带给农民,助力农产品销售,引领带动农产品转化增值、乡村产业提档升级。目前,全省已累计培育农创客超4万名,其中"90后"占45.5%,本科及以上学历占42%。开展农创客结对百村促振兴奔共富活动,有效发挥了农创客乡村振兴的"新引擎"作用。同时,根据乡村实际需求,已遴选省级100名、市县2200名农创客为乡村开展服务。

4. 指导乡贤回农村

(1) 构建乡贤帮乡亲机制。鼓励先富帮后富、乡贤帮乡亲,创新"新乡贤+产业"带富机制。建立乡村振兴和乡贤回归投资重大项目库,激发乡贤为乡村振兴引进项目、资金、技术、人才等资源要素。2022年,新增投资额1000万元以上的新乡贤助力共同富裕示范区建设项目594个。建立"新乡贤+公益"帮富机制,鼓励乡贤以定点帮扶、对口支援、结对共建等方式,开展尊老敬老、关爱儿童、助医助残、捐资助学等乡村志愿服务和社会公益活动,促进强村富民。

(2) 构建乡贤服务激励机制。建立动态管理的"浙统云"乡贤信息库,目前,全省已联系乡贤25.8万名。举办世界浙商大会,组织"世界温州人"大会、"宁波帮·帮宁波"发展大会、在外新乡贤回乡行等活动,引导乡贤反哺家乡。同时,打造贯通省市县乡的"同心共富·乡贤通"数字化应用。据统计,浙江省已联系服务乡贤回归项目2358个,为638名新乡贤提供回归项目融资45亿元,到位投资金额2287亿元,提供各类服务75.9万次。

(五) 浙江省的农村科技特派员制度

浙江省深入实施农村科技特派员制度,落实习近平总书记把科技特派员制度作为科技创新人才服务乡村振兴的重要工作进一步抓实抓好的指示精神，拓展科技特派员服务功能，有效促进了乡村振兴战略实施，"科技兴农"为扎实推动共同富裕积累了宝贵的经验。2003年至今，浙江省农村科技特派员制度由最初在浙江省最不发达的101个乡镇开展试点，到在欠发达地区全面推行，再向全省域拓展，省、市、县三级共累计派遣科技特派员2.4万人次，实现经济效益超百亿元。

1. 把脉人才需求

坚持双向选择，择优选派，一人派驻，团队支持。各乡镇根据当地产业特点和发展需要，提出急需的科技人才要求，经管理部门汇总后面向省属高校院所公开发布和征集，由个人报名、单位推荐，并征求当地科技部门意见，通过多轮对接后完成匹配工作，确保各方满意。省级选派科技特派员把省级及以上高校和科研院所作为唯一选派渠道，较好地确保了特派员队伍的高质量，也为高层次科技专家下沉并服务基层畅通了渠道。科技特派员在乡镇一旦遇到技术方面的问题，可以充分依托派出单位和其他特派员的资源以及为特派员匹配的线上科技支撑资源，全力解决技术难题。

2. 聚力农村产业发展与农民科技致富

（1）坚持服务范围全产业链化。2017年起，为拉长农业产业链条，支撑农村综合经济发展，科技特派员专业领域开始由一产逐步向二、三产拓展。2017年省派非农专业个人科技特派员占比约13.6%，2022年已提高至20.24%。

（2）坚持服务体系网络化。在一乡一名科技特派员的基础上，建立法人和团队科技特派员制度，依托高校院所事业法人以及5人以上科技人员组成的科技服务团队，充分利用其人才、项目、成果等农业科技创新资源，引领并支撑地方产业发展，已累计选派法人科技特派员36家，团队科技特派员504个。

（3）坚持服务模式多样化。针对派驻地产业特色和农民实际需求，不断探索总结推广有效的科技服务模式，建立"科技特派员＋协会、企业、示范基地、种养大户＋农户"多元化帮扶模式。如浙江省农业科学院食用菌团队科技特派员首席专家与武义当地食用菌技术推广站共同投资入股创办公司，带动建起20多条专业化菌棒生产线，惠及全县90%以上的菌农，累计增收节本超过1亿元，同时带动了专业合作社和大户的发展，培育了专业合作社15家、家庭农场10家、年收入20万元以上的大户23户，推动食用菌产业从"脱贫产业"转变为"富民产业"。

3. 省市县三级联动支撑农村科技特派员制度

（1）政策引导。2003年以来，浙江省先后出台了《关于全面推行科技特派员制度的通知》等一揽子政策，形成了省市县三级联动、系统支撑科技特派员制度发展的良好工作格局。加大科技特派员财政支持力度，省级财政支持的补助经费为6400万/年，省级个人科技特派员项目经费标准为10万元/人·年。特派员5年内保留原单位工资福利、岗位、编制，工作业绩纳入科技人员考核体系。浙江省委、省政府每5年表彰一批优秀科技特派员和特派员工作先进集体，每两年通报表扬一批科技特派员工作成绩突出单位和个人。

（2）考核评价。每两年通过第三方对市、县科技特派员的工作表现和服务进行评价，确定等次，并作为下一轮科技特派员选派人数和工作经费的依据，确保科技特派员工作干出实效。

（3）市场激励。鼓励特派员在基层创业，引导高校、科研院所贯彻落实事业单位科研人员职务成果转化收益分配制度，支持科技特派员通过技术转让、许可、成果作价入股等方式转化科研成果，以多种形式与派驻地企业、专业大户联办企业，实现风险共担、利益共享。据不完全统计，浙江省科技特派员牵头或入股兴办农业科技企业已达432家，建立利益共同体1632家，培养了一大批科技二传手，被农民群众誉为"永远不走的特派员"。

（六）浙江省的山海协作

山海协作工程始于2002年，习近平总书记指出实施山海协作工程是缩小地区差距、促进区域协调发展的有效载体，是培育新的经济增长点、不断提高浙江省综合实力的必然要求，必须作为一项德政工程、民心工程抓紧抓好。浙江省深入实施山海协作工程，聚焦陆海统筹、山海互济，加大对欠发达地区的帮扶力度，接续发力、久久为功，大力推动山区县高质量发展。2022年，浙江省山区26县地区生产总值、固定资产投资、规上工业增加值、城乡居民收入等主要指标增速均高于全省平均水平。

1. 健全帮扶机制

推动结对双方开展产需对接、产用结合和产业链上下游整合，引导技术、资本、市场等与山区生态资源结合，推动50个经济强县结对帮扶山区26县，深化协作方式创新，实现平台共建、产业共兴、项目共引。在山区县率先探索科技成果转移支付，实现科技成果先免费试用、后付费转化。2022年共推进山海协作产业项目394个，山区26县技术交易额达146亿元，同比增长39%，到位资金545亿元，累计许可科技成果730次。

2. 落实两大行动

（1）开展做大产业扩大税源行动。优化产业链区域布局，开展产业链山海协作，依托山区县产业基础和特色资源优势，引导发达地区龙头企业与山区县企业建立产业链延链合作，实施一批产业链协同项目。创新企业与山区县合作机制，精准招商，推动山区县布局重大产业项目。打造"一县一业"，深入推进特色产业平台建设。

（2）开展提升居民收入富民行动。组建农业产业化联合体，大力发展食用菌、茶叶、中药材等生态农业，打造山海共富农优产品展销窗口。实施山区县"百项千亿"文旅投资工程，依托山海协作生态旅游文化产业园，推出诗路怀古等一批山海协作生态旅游线路，大力促进山区居民增收。2022年山区26县全体居民、城镇居民和农村居民人均可支配收入增速分别比全省高0.9%、0.7%和0.6%。

3. 补齐三大短板

（1）新型城镇化短板。深入实施"百镇样板、千镇美丽"工程，因地制宜推广"大搬快聚、富民安居"工程，开展跨乡镇土地综合整治试点，大力推进以县城为重要载体的新型城镇化建设。异地搬迁政策扩面至山区26县低收入农户和所有自然村，2022年共完成搬迁3.8万人。

（2）交通基础设施短板。实施山区县交通赶超提升行动，加快推进杭温、杭衢铁路及一批高等级公路建设，加快建成对外60分钟交通圈和县域内部45分钟交通圈。着力打通一批内部交通堵点，加大乡镇农村公路改扩建力度，2022年山区26县共完成省内民生实事新改建农村公路超1000千米。

（3）优质公共服务短板。优化山区县教育、卫生、文化、体育等领域基础设施布局，率先实施跨区域教共体项目，开展师徒结对、异地跟岗锻炼等帮扶工作。持续推进医疗卫生山海提升工程，集中省内综合实力最强的13家三甲医院重点帮扶山区县医院，全面补齐山区医疗卫生服务能力短板。

4. 实施四大创新

（1）创新数字化改革赋能。持续推进山海协作e账本等应用场景建设，打造"山区发展+数字化改革"新平台。在丽水等地推广"科企飞"数字化系统应用，强化对科创飞地的跟踪服务。推广衢州碳足迹应用建设，探索"数字化牵引低碳化"改革路径。

（2）创新实施"一县一策"。针对山区县不同发展基础、特色优势和主导产业，为山区县制定"一县一策"，为每个县量身定制发展方案和政策工具箱，推动共性问题共同解决，个性问题个别解决。将26个"一县一策"细化为827条举措，清单化、项目化落实落细。

（3）创新飞地经济模式。推动山区县与省内发达地区合作，共建异地产业园区，拓展外部产业发展空间，建设产业飞地；设立异地科创平台和研发中心，建设科创飞地；将经济薄弱村复垦出的土地指标或筹集资金，通过优质项目入股等方式，建设消薄飞地。2022年，26个产业飞地在建产业项目54个，投资在10亿元以上的项目达1/3；15个科创飞地完成投资27.3亿元，孵化项目342个；37个消薄飞地已实现返利4.02亿元，带动3113个村集体增收。

（4）创新生态产品价值转化。健全绿色发展体制机制，引导山区县率先开展GEP核算应用。丽水市探索形成生态产品价值核算、质量认证、市场交易等制度体系。衢州市加快推进绿色金融改革，全域推进"两山合作社"试点，截至2022年末，绿色贷款达1041亿元，创新推出碳账户金融产品累计发放贷款533亿元。

（七）浙江省培育产业人才队伍

技能人才是支撑中国制造、中国创造的重要力量。浙江省深入贯彻习近平总书记关于技能人才工作的重要指示批示精神，实施新时代浙江工匠培育工程，持续深化技能人才培养体制机制改革，浙江省委人才办、省人社厅、省发展改革委等12部门联合印发《高质量打造"浙派工匠"金名片助力共同富裕示范区建设行动计划（2022～2025年）》，制定涵盖900个职业的浙派工匠目录，健全与产业发展相适应的技能人才全方位、全链条培育体系，让越来越多的劳动者"增技又增收"，为共同富裕示范区建设提供强有力的技能人才支撑。

1. 实施技工教育提质增量行动

浙江省印发《关于实施技工教育提质增量行动的意见》，把发展职业教育作为培育浙江工匠的源头环节，进一步优化完善院校布局、建设标准和专业结构，在资金支持、人员编制、社会资本参与等长期困扰技工教育发展的关键问题上大胆改革突破，优化技工教育发展环境。遴选建设10所在全国有影响力的一流技师学院和69个适应产业发展需求的高水平专业群，有序推进工学一体化人才培养模式，构建山区海岛县技工教育协同帮扶机制。为此，浙江省级财政每年投入2.98亿元，地方投入配套资金173亿元，着力打造具有国际视野、对标世界一流、产教融合紧密的技能人才培育高地。同时，制定出台浙江省技工院校专业建设、教材、师资培训、研究、教学、学籍、学生资助等7个管理办法，进一步夯实了技工教育发展基础。

2. 精准高效开展职业技能培训

开展"金蓝领"职业技能提升行动，聚焦数字经济、先进制造业等重点产业，农村转移劳动力、高校毕业生、失业人员、退役军人等重点群体以及山区海岛县等重点地区和新业态新职业，大规模多层次精准开展职业技能培训。构建党委人才办指导、人社部门牵头、行业主管部门负责的大培训工作格局，发挥政策叠加效应，推动行业主管部门将"技能人才"要素纳入涉企政策评价指标体系，深化非公企业产业工人队伍建设改革，强化企业技能人才培养主体地位，激发企业培养技能人才积极性。将所有职业技能培训和评价资源向高校、职业院校开放共享，鼓励学生在校取证并领取培训补贴，拓宽技能人才培养路径。

3. 完善新时代技能人才评价激励体系

浙江省人力资源和社会保障厅出台《关于深化技能人才评价制度改革的意见》以及技能人才评价机构管理、职业技能标准开发、技能人才评价题库资源、评价专家和评价监督等5个配套管理办法，改革完善以职业资格评价、职业技能等级认定和专项职业能力考核等为主要内容的技能人才评价制度，搭建技能人才评价工作的"四梁八柱"。在15家企业开展职业技能等级"新八级"制度试点，遴选产生全省首批3名首席技师和26名特级技师，打破技能工人成长"天花板"。截至2022年底，职业技能等级认定评价机构备案6570家，其中用人单位6157家，用人单位备案数、社评组织遴选数、等级认定发证数均处于全国前列。

（八）浙江省帮扶残疾人就业增收

在高质量发展建设共同富裕示范区的进程中，浙江省通过实施"政策扶持+渠道拓展+平台搭建"，构建残疾人就业增收体系，实现劳动年龄段有劳动能力、有就业意愿的残疾人就业率达96.51%，残疾人家庭人均可支配收入超过3.6万元，位居全国前列。

1. 及时排查现状

残疾人是共同富裕道路上"最容易掉队"的困难群体。浙江省共有持证残疾人139.3万名，约占全省总人口的2.13%。其中，就业年龄段持证残疾人51.4万名，0~15岁非就业年龄段持证残疾人3.3万名，其他非就业年龄段持证残疾人84.6万名。截至目前，已实现就业32.5万人，就业率达63.23%，高于全国平均水平约10%。

2. 准确分类施策

积极打造中国残联培训系统，率先全面推行残疾人免费职业技能培训政策，完善用工企业残疾人培训补贴制度。全省共设立残疾人职业培训基地112个，年培训残疾人2万人次以上。建立"选、育、赛、用"全链条培养机制,创新"爱心导师"师带徒模式,培养残疾人高端技能人才。

针对残疾程度相对较轻的残疾人,充分利用残疾人就业保障金杠杆功能,落实残疾人集中就业企业税费优惠和超比例安排奖励等措施,积极推动用人单位安排就业。目前,全省残疾人按比例就业9.31万人;拥有残疾人集中就业企业2100多家,集中安排残疾人就业5.78万人,稳居全国前列。

针对智力、精神和其他重度残疾人,依托残疾人之家提供生活照料、技能培训和辅助性就业服务等日间服务。全省已建成规范化残疾人之家1410家,为2.92万名重度残疾人提供庇护服务,组织其从事来料加工、产品组装包装等辅助性就业项目,成为浙江助残工作的一张"金名片"。

针对重度视力残疾人,创新扶持从事钢琴调律、有声书朗读等新业态就业,全省已有约700名残疾人入驻"喜马拉雅"平台从事有声书演播。针对重度听力残疾人,引导爱心企业开设可莎蜜儿"无声的世界"、星巴克"手语咖啡"等手语门店。针对孤独症等心智障碍群体,打造"融爱星面馆""壹星酿"烘焙坊等新型就业平台。目前,"融爱星面馆"省内门店已发展至17家,"壹星酿"已有2家精品门店和1家加盟店。

3. 积极完善服务机制

(1)构建"助残大脑"服务平台。为全省20多万就业年龄段未就业残疾人建立一人一档"精准画像",推送"定制化"岗位。依托残疾人按比例就业联网认证"跨省通办""省内通办"等,系统整合残疾人就业创业需求、企事业单位就业岗位供给等资源,入库全省302万家企业、4.8万家事业单位、2.7万家社会团体、4.6万家民办非企业单位信息,实现国家省市县四级贯通。共有3万多家单位通过应用在线申报安置残疾人就业,网报率达99.21%,居全国首位。同时,加大残疾人专职委员、垃圾分类管理员以及社区便民服务、保洁、保绿人员等助残类公益性岗位开发力度。将符合条件的盲人按摩诊所纳入医保定点。明确政府兴办商铺、摊位等便民服务网点预留不低于10%给残疾人,并适当减免摊位费、租赁费。"一人一策"为高校残疾人毕业生提供就业服务,实现有就业意愿应届高校残疾人毕业生连续三年就业率达100%。

(2)建立机关、事业单位带头安排残疾人就业机制。明确要求"机关、事业单位按规定报送安排残疾人就业计划",率先实施残疾人公务员单招单考制度,出台事业单位公开招聘残疾人工作指南。2015年以来,全省通过单招单考新增残疾人公务员89人,新增事业编制残疾人职员179人,位居全国前列。

(3)建立多跨协同残疾人权益维护机制。创新成立省级残疾人维权指导中心,推动实现县级以上残疾人法律援助工作站全覆盖;建立与省检察院公益诉讼配合协作机制、与省律师协会的爱心助残法律服务合作机制,为残疾人提供劳动维权服务保障。

(4)建立全社会联动帮扶残疾人就业机制。深入开展"2022残疾人就业宣传年"等特色宣传活动,举办残疾人专场招聘会,积极营造助残就业良好社会氛围。联合浙商总会及一批知名企业成立助残共富联盟,并设立助残共富基金。深入实施建设银行"善行助残"、圆通"圆梦家园"等一系列助残就业项目,为残疾人创造更多就业机会。截至目前,"圆梦家园"已帮助全省593名残疾人及其家属实现就业创业。

(九)浙江省的医共体

浙江省深入推进县域医疗共同体建设,2017年以来,在全省72个县(市、区)将204家县级医院和1161家乡镇卫生院组建成为165家医共体,全面统筹医保、医疗、医药、医院、医师等,提升基层医疗服务能力,方便群众就近看病、看得好病。疫情期间,医共体实现医疗救治网格化管理,牵头医院为成员单位提供疫苗接种技术指导和医疗保障,形成省、市、县、乡、村多级联动的医疗服务体系,在疫情防控和医疗救治工作中发挥了重大作用。

1. 整合城乡医疗服务体系

(1)统一医保医药。将医共体整体纳入医保协议管理,落实"医保总额预算、结余留用、超支分担"的激励约束机制,倒逼医共体主动加强合理检查、合理用药,节省群众看病就医成本。各地以医共体为单位,制定统一的用药目录,核销成员单位的药品耗材采购账户,由牵头医院统一采购、统一配送、统一结算。

（2）统一医疗机构。各医共体完成法人证书和医疗机构执业许可证变更，医共体牵头医院法定代表人兼任成员单位法定代表人，促使县乡医疗卫生机构融为一体。着力推进基层医疗卫生机构标准化建设，逐步将政府办和集体办村卫生室纳入医共体管理。统一编制管理、岗位设置、公开招聘和模块化培训。统一财务管理，构建集中核算、统筹运营的医共体财务管理体制。

（3）统一医疗资源。各医共体均成立了人力资源、财务、医保、公共卫生和信息化"五大管理中心"，实行内部扁平化管理和垂直化运行，统一人员使用、资产运营、信息化建设和绩效考评。每个区县均建成统一的检验、影像、病理诊断等共享服务中心，推动基层检查、上级诊断和区域互认。截至目前，全省已累计有320项医学影像检查资料和116项医学检验结果互认项目，覆盖所有二级以上公立医疗机构和社区卫生服务中心，直接节省医疗费用7.4亿元。

2. 优化优质医疗资源配置

（1）夯实基层医疗基础。聚焦山区海岛县实施医疗卫生山海提升工程，针对优势专科、特色专科、薄弱专科等重点学科，精准提升医共体医疗质量和技术水平。引导医共体加大乡镇卫生院急救、慢性病、老年病、康复和中医药等群众急需学科建设，鼓励提供适宜住院的服务和手术，让群众在家门口看得好病。

（2）实施巡回诊疗服务。对偏远地区的村和社区，由医共体通过巡回诊疗、远程医疗等提供延伸服务。如杭州市临安区由4家医共体牵头医院和20家卫生院组成151个服务团队，对165个行政村进行巡回诊疗，提供体检、筛查、诊疗、配药、急救、医保结算等一体化便携式服务。

（3）落实"双下沉、两提升"。着力推动城市优质医疗资源下沉和优秀医务人员下沉，使患者在家门口就能看到大医院专家，促进县域医疗卫生机构服务能力提升和群众满意度提升。全省共54家省级三甲医院通过全面托管、专科托管等方式与122家县级医院开展紧密型合作。

3. 开展全周期健康管理

（1）建立"大健康"服务模式。坚持预防、治疗、康复三位一体，各地建立由县级医院专科医生、基层全科医生共同参与的家庭医生团队1.3万多个，构建以家庭医生团队为基础、医共体牵头医院为技术支撑的慢病分级诊疗服务体系，努力实现"小病慢病不出村，群众健康有管家"。各区县组建指导团队，派出公共卫生专员、联络员，强化对医共体公共卫生工作的专业指导。

（2）加强分级诊疗制度建设。明确医共体牵头医院和成员单位功能定位，制定基层首诊、县级下转和县域不轻易外转疾病种类目录以及医共体内部、医共体之间和县域向外转诊管理办法，持续推进分级诊疗制度建设。全省县域就诊率从改革前的84.9%提升至2022年的89.5%。"上转容易、下转难"实现破局，双向转诊得到强化，医共体牵头医院向成员单位转诊年均达30万人次，成员单位向牵头医院转诊年均达60万人次。

（十）浙江省的掌上办事

基本公共服务均等化是共同富裕的内在要求，提升政务服务效能是促进基本公共服务均等化的重要内容。近年来，浙江省深入推进"最多跑一次改革"，聚力打造群众、企业掌上办事总入口"浙里办"，推动"掌上办事"由"可办"向"好办易办"转变，加快构建优质普惠的数字化公共服务体系，逐步形成"数据多跑路、群众少跑腿"的良性局面。全省依申请政务服务事项"一网通办"率达85%，"浙里办"实名注册用户数突破1亿，日均活跃用户数达300万。

1. 全省统一办

（1）落实事项标准化。推动政务服务事项标准化、结构化和数字化，将省市县三级20多万个事项统一标准化为3638项依申请政务服务事项，实现"一事项一表单一流程"。按照"应共享尽共享"原则，持续推动业务流程再优化、表单材料再精简、数据共享再提升，稳步提升办事体验。目前，全省高频事项字段、材料共享率分别达64.2%、45.5%。

（2）实现服务归集精准化。推行"收办分离"改革，依托政务服务中台，全省政务服务事项统一收件、精准分发至对应的审批系统，有效破解多网申报、多系统受理、多次录入问题，切实推动群众、企业办事由找属地、找部门转为找政府。

（3）推行"领跑者"模式。充分激发基层改革创新活力，鼓励基层持续优化业务流程，加强总结提炼、复制推广，推动基层"领跑者"标准作为全省统一标准，全面提升全省政务服务均等化水平，实现"一地创新、全省共享"。

2. 网上一站办

（1）迭代掌上办事"一个端与一中心"。聚焦个人出生到死亡、企业准入到退出两个全生命周期，整合全省各类数字化应用。建设省市县三级联动的一体化智能化公共数据平台，建设人口综合库、法人综合库等基础库、主题库，为各地各部门优化服务流程、实现业务协同提供数据共享支撑。

（2）深化"网厅融合一张网"。建设覆盖省市县乡村五级的一体化政务服务平台，打造全省统一、全国首创的政务服务中台，综合集成全省统一快递体系、公共支付平台、政务咨询投诉举报平台，实现群众、企业办事只进"一张网"。融合创新在线预约、取叫号、边聊边办等功能，大厅实施智慧取号"无忧等待"，智慧展板"科学调度"，开辟智能办理区，让工作人员走出柜台，手把手指导群众、企业线上办事，逐步形成"掌办优先、网办为辅、窗口兜底"的新格局。

（3）优化"导服一场景"。围绕群众、企业办事习惯，梳理形成6000多种情形，支持群众、企业通过"一问一答"式的人机交互，快速、精准定位办事情形与表单材料，助力群众、企业"一来就会办、一次就办成"，窗口工作人员"一看就明白、一学就上手"。

3. 大厅就近办

（1）探索帮办代办。充分利用基层网格员制度，加快推进政务服务"一网通办"改革成效向基层延伸扩面，探索"网格员+帮办"等服务新模式，实现进村入社延伸办。同时，考虑老年人等特殊群体需求，探索组建帮办志愿服务队，做好上门服务常态化。聚焦群众、企业跨省办事需求，特别是与人口流动密切相关、受益面广的政务服务事项，加快推进政务服务跨省通办。如牵头推进"户口迁移"长三角区域"一网通办"，通过"一地办理、网上迁移"，切实解决"来回跑""多地跑"问题。自上线以来，累计办理"户口迁移"业务超过11.3万件。

（2）推动部门协同敏捷化。立足群众、企业办事视角，聚焦多部门联办"一件事"，实现"一表申请、一套材料、一次提交、一次办结"，推动部门政府转变为整体政府。如"新生儿出生一件事"，涉及4个部门5个事项，改革前群众要跑5次窗口，平均2天才能拿到结果，改革后实现群众"指尖办、一次办、秒速批"。

（3）提升偏远地区政务服务便利化水平。充分发挥政务服务"一网通办"优势，依托农商行基层服务网络，在山区26县基础上提质扩面，联合农商银行打造13000多个覆盖全省的"就近帮办"网点。截至目前，累计办件110万余件，推动政务服务贯通基层"最后一公里"。

第三节　数字经济赋能共同富裕的空间作用机制

数字经济作为一种全新的经济模式，已成长为推进中国式现代化的重要引擎。党的十八大以来，习近平总书记多次就数字经济建设作出重要论述，中央及地方政府陆续出台了诸多专项政策，2017年至今"数字经济"被六次写入政府工作报告。2023年2月中共中央、国务院印发的《数字中国建设整体布局规划》中提出到2025年基本形成横向打通、纵向贯通、协调有力的一体化数字中国推进格局。在最新的国务院机构改革方案中组建了国家数据局，进一步协调数据基础制度建设与数据资源开发。政策密集出台加速了我国数字经济发展，2011~2021年数字经济规模从9.5万亿元攀升至45.5万亿元，总量跃居世界第二。作为数字化综合发展第一省，自2017年实施数字经济"一号工程"以来，浙江省政府始终坚持一张蓝图绘到底，数字经济增加值与核心产业增长均实现双倍增长，GDP增加值中数字经济占比近50%，数字化改革持续为高质量发展注入新动能。

共同富裕是社会主义的本质要求，是中国式现代化的重要特征，亦是人民群众的共同期盼。习近平总书记强调要深入研究不同阶段的目标，分阶段促进共同富裕的实现，即共同富裕是一个时间与空间渐进的过程。2021年6月10日《中共中央 国务院关于支持浙江高质量发展建设共同富裕示范区的意见》发布，共同富裕先行试点既是前所未有的区域发展"金字招牌"，也是重大的政治责任与使命。浙江省均衡发展水平较高，城乡居民人均可支配收入稳居各省区市第一位，而以阿里巴巴、网易、蚂蚁金服为代表的信息产业化发展以及以"最多跑一次"为代表的政务治理数字化改革，又引领浙江省数字经济走在全国前列，在"共同富裕"与"数字中国"两大政策机遇期探索数字经济助益共同富裕建设的作用机理，具有重要的现实意义与示范价值。

对于数字经济赋能共同富裕相关议题的学术研究逐渐升温，现有定性分析中普遍认为数字经济能够充分发挥普惠效应，为区域协同发展奠定物质基础，提升城乡融合发展，优化公共服务可达性，并在此基础上助推共同富裕的实现。在为数不多的实证研究中，学者探究了数字经济对共同富裕的作用路径，例如数字经济通过削弱收入差距与家庭增收达成了减贫效应，数字经济基于创新创业和产业升级的中介效应来实现经济高质量发展，从而助益共同富裕。本书的研究意义与贡献主要有两点。首先，完善了相关理论框架，国内学者围绕数字经济发展现状、数字经济测度、数字经济与经济发展关系等议题进行了大量的理论研究，本书在梳理现有文献的基础上，尝试从传导机制视角阐述产业结构升级对于数字经济驱动共同富裕的作用机理。其次，细化了实证数据颗粒度，除了利用省市统计年鉴、遥感卫星、企业财务数据等多元数据构建浙江省11个地级市以及91个县级行政单位的面板数据，还基于对地区异质性的考量，进一步以空间方位与经济平均水平为依据将研究样本划分为北部、中部、西部城市以及成熟期、成长期、培育期县域，对比量化数字经济发展与共同富裕建设的空间效应与时空演变特征以及产业结构升级的中介效应。

一、理论机理与研究假设

（一）数字经济与共同富裕耦合关系的直接作用

保持经济稳定增长是实现共同富裕的前提，数字经济的共享性、普惠性和均衡性特征，不但能够在宏观维度提高生产效率、降低社会生产成本，还能有效降低微观主体之间的交易费用、促进要素资源融合，在激发经济活力、重塑发展格局方面具有显著优势，因此数字经济发展与共同富裕建设存在着高度契合性。具体而言，两者关系主要体现在三个方面。第一，数字经济催生了新的增长机遇。经典经济模型只涵盖物质资本与人力资本两类要素，区域发展"洼地"受限于资源禀赋、地理环境等因素，很难依靠传统产业路径保持经济高速增长。然而，数字经济带来了数据资源这一新型生产要素，新业态的规模发展与空间布局能够持续推动生产力发展，加速社会财富的创造与积累，"做大蛋糕"的驱动机制为欠发达地区提供了追赶契机。第二，数字经济促进了区域一体化。在信息技术赋能下，数字经济能够打破传统产业模式中的市场壁垒与地域禁锢，在提升资源跨界流动效率与市场可达性的同时，降低了迁移成本，促进了经济地理的布局调整，低劳资、低房价等成本优势将为欠发达地区争取更多的产业资源，这也体现了数字经济"分好蛋糕"的共享机制。第三，数字经济能够促进人力资本的地区均衡。数字技术削弱了信息的非对称性，消弭了知识与技能获取的时空限制，给予低收入群体更丰富的择业机会，在助推稳就业、保民生目标实现的同时，有效缓解了发达地区高人力资本存量与落后地区技能要素匮乏的矛盾，实现了"做大蛋糕"与"分好蛋糕"目标的耦合。综上所述，本书提出 H3.1：

H3.1：数字经济有助于实现增长与均衡发展的同步前行，促进地区共同富裕。

（二）数字经济影响共同富裕的间接中介效应

以产业数字化与数字产业化协同发展为代表的产业结构转型，推动了资本、劳动力等要素从低生产率的传统行业转向高生产率的新业态，加速社会财富的创造与积累。具体而言，产业结构升级对数字经济赋能共同富裕主要包含三类传导机制。首先，数字经济提升了产业转型速度，近年来我国大数据、人工智能、深度学习与云计算等数字技术进步显著，数字经济累积产生的乘数效应正以几何倍数缩短各个产业分化、重组与整合的时间周期，加速了共同富裕建设。其次，数字经济推动了产业结构的合理化进程，信息技术同实体经济的融合程度不断深化、融合范围不断拓宽，数字经济突破了时空界限，使得产业布局有可能基于区域要素禀赋进行灵活调整，这在优化市场资源利用效率与促进区域协调发展的同时提升了社会全要素生产率，有助于推进共同富裕的建设目标。最后，数字经济赋能了产业结构的高级化发展，在双循环发展格局下，新型数字业态的产业化与传统制造业的数字化转型有力推动了原有经济模式升级，产业结构的高级化将进一步驱动数字经济向更多实体场景延伸，创造更多财富以实现"做大蛋糕"。同时，高水平结构有助于解放低端劳动力，大规模的人力资源向第二和第三产业转移将有效扩充中等收入群体，从而实现"分好蛋糕"。综上所述，本书提出 H3.2：

H3.2：数字经济将通过产业结构升级的中介效应，驱动共同富裕建设。

二、研究设计

（一）变量选取

1. 解释变量

数字经济发展水平（DE）。关于浙江省数字经济发展水平，充分借鉴王军等（2021）、赵涛等（2020）和韩先锋等（2019）的指标选取方法、测度模型，遵循典型性、导向性、数据可获取性原则，从数字经济发展环境、数字经济基础设施、数字产业化和产业数字化四个维度构建了数字经济发展水平指标体系，如表3.4所示。其中，二级指标中数字产业化是指通过信息技术的市场化应用，推动互联网、软件服务等数字产业的形成与发展，评价指标包含电信业务总量、软件业务收入、快递业务量、信息软件与技术服务业城镇单位就业人员人数等；产业数字化是指以数据为关键要素，以数据赋能为主线，以价值释放为核心，对传统产业链上下游全生产要素数字化转型、升级与再造的过程，评价指标包含高技术产品出口额占比、数字金融数字化程度、数字金融覆盖广度等。基于熵权法构造的权重（WI）以及归一化处理后的变量，计算浙江省内各个地级市的数字经济系统分值。

表 3.4　　　　　　　主要数字经济与共同富裕的指标体系

综合指标	一级指标	二级指标	三级指标	单位
数字经济发展水平（DE）	数字经济发展环境（DE1）	治理水平	政务机构微博数量	个
			数字知识产权成交合同数	个
		创新程度	研发经费	亿元
			软件研发人员就业人数	人
	数字经济基础设施（DE2）	传统发展载体	移动互联网接入用户数	万户
			互联网宽带接入端口数	万个
			每千人拥有互联网域名数	万个
			每千人拥有网站数	万个
		数字发展载体	电子信息产业固定投资	亿元
			IPV4/IPV6 地址数	万个
	数字产业化（DE3）	产业种类	信息通信技术行业上市公司数量	个
			互联网百强企业数	个
		产业规模	信息服务收入规模	亿元
			信息软件和信息服务业城镇单位就业人员工资总额	亿元
			电信业务总量	亿元
	产业数字化（DE4）	工业数字化	工业应用互联网比重	%
			工业企业每百人使用计算机台数	台
			工业企业电子商务交易额	亿元
		服务数字化	中国数字普惠金融指数	—
			电子商务交易活动企业比重	%
			电子商务交易额	亿元
			互联网相关服务业投入	亿元

续表

综合指标	一级指标	二级指标	三级指标	单位
共同富裕（CR）	富裕程度（CR1）	居民生活	居民人均可支配收入	元
			居民人均消费性支出	元
			人均GDP	元
			恩格尔系数	—
			消费者价格指数	—
		教育与医疗	平均教育经费收入	元/人
			人均拥有公共图书馆藏量	册/人
			每万人医疗机构床位数	张/万人
	共享程度（CR2）	居民生活	收入的基尼系数	—
			初次分配劳动者报酬占比	%
			城乡收入倍差	
			城乡消费倍差	
		教育与医疗	城乡医疗差距的泰尔指数	
			教育基尼系数	

2. 被解释变量

共同富裕（CR）。根据习近平总书记在全国脱贫攻坚总结表彰大会、中央财经委员会第十次会议等系列重要讲话精神，共同富裕是充分考量全体人民物质、文化、精神等多方面需求的发展形态，并在全体人民共同富裕基础上实现共享。为了避免过多变量造成相关性过高的现象，本书紧扣概念内涵，最终基于富裕与共享两个维度，居民生活、教育与医疗两个层面，构建了囊括居民人均可支配收入、恩格尔系数、消费者价格指数等14个三级指标的共同富裕评价体系（CPR）。为了避免赋权主观性问题以及多指标数据重叠弊端，使用CRITIC-熵权-TOPSIS模型测度相关指数。

3. 中介变量

基于数字经济特征，将产业结构升级指数（UI）拆分为产业转型速度指数（CV）、产业结构高级化指数（IS）与产业结构合理化指数（SR）三个维度。其中，以产业结构层次系数表征产业结构转型速度，借鉴付凌晖（2010）的做法，利用结构角度值测算产业结构高级化指数，选取泰尔指数作为产业结构合理化指数的代理变量。

(二) 模型设定

1. 空间自相关模型

在使用空间计量方法前，需要依次使用全局与局部 Moran's I 指数检验数字经济发展和共同富裕的空间相关性。

(1) 全局 Moran's I 指数。

全域 Moran's I 指数考察了整个空间序列的集聚情况，计算公式为：

$$\text{Moran's I} = \frac{n \sum_i \sum_j W_{ij} Z_i Z_j}{S_0 \sum_i Z_i^2} \tag{3.15}$$

$$S_0 = \sum_i \sum_j W_{ij} \tag{3.16}$$

$$Z_i = (Y_i - \bar{Y}) \quad \text{or} \quad Z_j = (Y_j - \bar{Y}) \tag{3.17}$$

(2) 局部 Moran's I 指数量化了空间单元与邻近单元的相关程度，计算公式为：

$$\text{Moran's I} = \left[Z_i \Big/ \sum_i Z_i^2 \right] \sum_{i \neq j} W_{ij} Z_j \tag{3.18}$$

其中，Y_i、Y_j 表示 i、j 浙江省地级市的经济变量（数字经济发展和共同富裕）样本，S_0 为所有要素空间权重的聚合，n 为要素总数量，W_{ij} 表示要素 i 与要素 j 的空间权重。经过方差归一化之后的 Moran's I 指数取值范围为 [-1, 1]，绝对值越大反映的是空间相关性越强。I 大于 0 时表征为空间正相关性，其值越大体现出空间自相关越明显；I 小于 0 时为表征空间负相关性，其值越小体现出空间差异越大；I 接近 0 表示无自相关，空间呈现随机特性。2011~2021 年数字经济发展与共同富裕的全局 Moran's I 指数均通过 1% 的检验且显著为正值，全局 Moran's I 与空间滞后效应统计值分别为 8.162、5.341（P 值均小于 0.01），这表明数字经济发展和共同富裕呈现出较高程度的空间集聚状态，符合空间自相关和空间回归模型的应用条件。如表 3.5 所示。

表 3.5　　　　　　　　　　局部 Moran's I 类别

Z_i	$\sum_{i \neq j} W_{ij} Z_j$	I_i	含义
大于 0	大于 0	大于 0	第 i 个地区与邻域地区 y 值均高
小于 0	小于 0	大于 0	第 i 个地区与邻域地区 y 值均低
小于 0	大于 0	小于 0	第 i 个地区 y 值低，邻域地区 y 值高
大于 0	小于 0	小于 0	第 i 个地区 y 值高，邻域地区 y 值低

2. 协调相关性——耦合度模型

本书采用耦合度模型量化数字经济与共同富裕之间的协调关系，计算公式如下：

$$S = 2 \times \sqrt{\frac{CR \times DE}{(CR + DE)^2}} \qquad (3.19)$$

$$T = \alpha CR \times \beta DE \qquad (3.20)$$

$$H = \sqrt{S \times T} \qquad (3.21)$$

其中，耦合度 S 表征了数字经济与共同富裕的协同作用，协调度指数 T 体现数字经济与共同富裕的全面发展水平；权重 α、β 分别反映数字经济与共同富裕的重要程度，本书在研究中认为数字经济与共同富裕同等重要，因此系统权重设置为 α = β = 0.5；耦合协调度 H 综合量化两个系统的协调程度，指数越接近 1，表明系统的协调发展越好，指数越接近 0，协调度越差。如表 3.6 所示，借鉴曾鹏等（2022）耦合协调相关研究做法，对数字经济与共同富裕的耦合协调程作出五级定义。

表 3.6　　　　　　　　　耦合协调程度测度标准

耦合协调程度	状态定义	情况说明
H = 0	全面失调阶段	系统之间未形成耦合，无协调发展
0 < H ≤ 0.3	濒临失调阶段	系统耦合程度极低，失调发展临界状态
0.3 < H ≤ 0.5	系统拮抗阶段	系统耦合发展程度较低，协调发展状况不显著
0.5 < H ≤ 0.8	基本协调阶段	系统耦合程度适中，处于良好协同初级形态
0.8 < H ≤ 1	高度协调阶段	系统耦合程度较高，处于完全协同状态

3. 因果驱动机制——动态空间计量模型

(1) 基准回归模型。为了准确分析城市发展异质性对共同富裕的空间作用效应，本书在空间自相关分析和耦合度模型的基础上追加空间计量模型。鉴于现有研究使用的面板空间计量模型包括空间误差模型（SEM）、空间自回归模型（SAR）和空间杜宾模型（SDM），结合LM、Robust LM、Wald、Hausman检验的统计值，最终选定时空双固定随机效应杜宾模型。相关模型的具体构建过程分为两步，首先构建数字经济对经济高质量发展直接传导机制的基本模型：

$$CR_i = \alpha_0 + \alpha_1 DE_i + \alpha_2 con_i + \vartheta_i + \mu_i + \varepsilon_i \tag{3.22}$$

其中，CR_i表示城市i的共同富裕程度；DE_i表示城市i的数字经济发展水平，α_0为截距项，ϑ_i表示城市i的个体固定效应，μ_i表示时间固定效应，α_1、α_2为回归系数，ε_i为随机扰动项。Con_i控制变量包括：金融条件（Fan）为金融业增加值占GDP比重；对外开放度（Open）为进出口总额占GDP比重；城市化水平（UL）用人口密度来表示；政府财政负担水平（Gov）为财政支出占GDP比重，外商直接投资（Fdi）为外商投资企业投资总额占GDP比重。

区域实证研究的空间面板计量模型能够兼顾地区自身固有属性与时空联系。为了量化数字经济对共同富裕的空间效应，本书将基本公式（3.22）进一步拓展成空间面板杜宾模型（SPDM）：

$$CR_i = \alpha_0 + \rho WCR_i + \varphi_1 WDE_i + \alpha_1 DE_i + \varphi_2 WCon_i + \alpha_2 Con_i + \vartheta_i + \mu_i + \varepsilon_i \tag{3.23}$$

其中，W为空间权重矩阵，本书基于queen规则确定空间权重，构造浙江省地级市的11×11维权重矩阵；ρ为空间自回归系数；φ_1与φ_2分别表征解释变量、控制变量的空间交互弹性系数。在模型估计中为了避免量纲差异影响结果，对变量取对数处理。

(2) 中介效应模型。

为了量化数字经济对共同富裕的作用路径，本书在式（3.23）基础上构建模型：

$$\mathrm{MED}_i = \beta_0 + \delta \mathrm{MED}_i + \varphi_1 \mathrm{WDE}_i + \beta_1 \mathrm{DE}_i + \varphi_2 \mathrm{Wcon}_i$$
$$+ \sum \beta_j \mathrm{con}_i + \vartheta_i + \mu_i + \varepsilon_i \tag{3.24}$$
$$\mathrm{CR}_i = \beta_0 + \delta \mathrm{WCR}_i + \varphi_1 \mathrm{WDE}_i + \varphi_2 \mathrm{MED}_i + \beta_1 \mathrm{DE}_i + \beta_2 \mathrm{MED}_i$$
$$+ \sum \varphi_j \mathrm{Wcon}_i + \sum \beta_j \mathrm{con}_i + \vartheta_i + \mu_i + \varepsilon_i \tag{3.25}$$

其中，中介变量 MED_i 包含产业结构升级水平（UI）、产业转型速度（CV）、产业结构高级化（IS）和产业结构合理化（SR），其余变量与前述定义一致。

(三) 数据处理

本书所用数据主要来源于《中国统计年鉴》《中国城市统计年鉴》《中国工业统计年鉴》《中国信息产业年鉴》《中国科技统计年鉴》《浙江统计年鉴》和浙江省各个地级市的统计年鉴以及 Wind 经济数据库，中国数字普惠金融指数取自北京大学数字普惠金融研究中心发布的数据。同时，采用熵值法测度浙江省 2011~2021 年 11 个地级市以及 91 个县级市数字经济发展与共同富裕的发展程度，运用向前向后等距插值法填充缺失数据。

三、实证结果与分析

(一) 空间自相关模型

1. 全局 Moran's I 指数

本书利用 Moran's I 指数分别衡量浙江省数字经济和共同富裕的空间自相关程度，对应统计结果与 P 值如表 3.7 所示。

表 3.7　浙江省数字经济与共同富裕的全局 Moran's I 指数

年份	数字经济发展		共同富裕	
	Moran's I	P 值	Moran's I	P 值
2011	0.192	0.002	0.237	0.005
2012	0.183	0.002	0.246	0.008

续表

年份	数字经济发展		共同富裕	
	Moran's I	P值	Moran's I	P值
2013	0.189	0.002	0.282	0.008
2014	0.182	0.002	0.326	0.012
2015	0.213	0.002	0.324	0.013
2016	0.268	0.022	0.317	0.015
2017	0.270	0.002	0.311	0.013
2018	0.267	0.002	0.285	0.012
2019	0.243	0.011	0.283	0.010
2020	0.201	0.019	0.276	0.006
2021	0.182	0.002	0.271	0.012

从空间特征看，数字经济和共同富裕的全局 Moran's I 指数均在 1% 水平上显著为正，说明数字经济和共同富裕均表现出明晰的全局空间集聚性与正向依赖效应。从时间特征看，两者的全局 Moran's I 均呈现先上升后下降的波动趋势，且共同富裕的阶段性指数波峰早于数字经济，原因可能是前中期的马太效应与溢出效应更容易引起空间集聚，产业高质量发展与政策调剂促使数字经济与共同富裕逐渐趋于均衡空间态势。

2. 局部 Moran's I 指数

全局 Moran's I 指数均等化了地区差异，为了量化局部空间关联特征，本书选取局部 Moran's I 指数补充分析区域内各个邻域对象的空间关联程度。选取 2011 年和 2021 年作为样本年份，分别绘制了数字经济和共同富裕的局部 Moran's I 散点图，其中第一（Ⅰ）、第二（Ⅱ）、第三（Ⅲ）、第四（Ⅳ）象限分别表示高高（H-H）、低高（L-H）、低低（L-L）、高低（H-L）的空间聚集区。

由图 3.2 可知，浙江省 11 个地级市数字经济与共同富裕的 Moran's I 指数均集中分布于第一、第三象限，即在空间中呈现出"高高—低低"正向空间聚类特征，杭州、宁波、嘉兴、绍兴等始终居于第一象限，丽水、衢州持续停留在第三象限，具体分析如下。

（1）高高 H-H 集聚：杭州、宁波、嘉兴、绍兴与周边城市群形成片

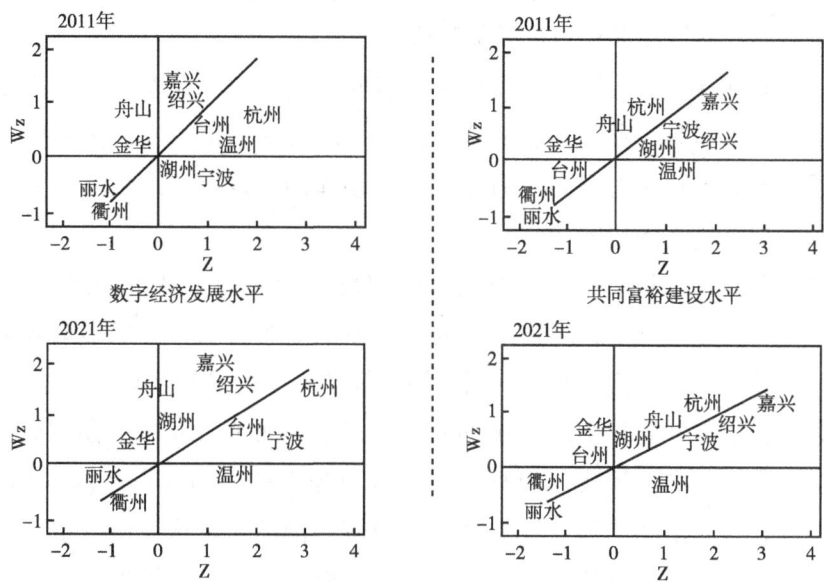

图 3.2　数字经济发展与共同富裕的局部 Moran's I 散点图

状高质量集聚,说明该类城市群在经济可持续增长与产业结构优化方面协同程度高。杭州、宁波这些城市多为省会或传统制造业强市,数字经济发展具有先发优势,在集聚周边地区生产要素强化自身发展水平的同时,借助产业、资本与技术溢出效应带动周边地区共同富裕;嘉兴夹在上海与杭州中间,绍兴居于杭州与宁波的物理中点,通过主动增强与中心城市的联系,嘉兴与绍兴在生产要素自由流动中承接了各类资源,实现了产业错位布局。随着时间推移,高值区空间格局趋于稳定,这说明集聚效应有助于城市综合持久发展。

(2) 低高 L－H 集聚:此类城市一般位于中心城市接壤区域或产业衔接纽带,兼具有限经济体量与较强城市关联性两个特征。例如金华 GDP 排名仅居省内第 7 位,多数行业处于供应链末端,产业集群上下游延伸不够,缺乏区域工业统一布局。但金华因其地理位置被称为"浙江之心",北邻杭州、绍兴,南接丽水,东西两面分别为台州与衢州,浙赣铁路与金温铁路的交会以及义新欧班列的开通使得金华成为浙江最重要的铁路枢纽;小商品交易集散中心义乌的快速发展加速了地区的数字产业化进程。但金华产业基础薄弱的问题使其在承接中心城市的溢出效应以及与周边地区的数字经济协同、共同富裕建设的效能受限。

(3) 高低 H-L 集聚：以温州为代表的该类城市综合发展水平高于周边地区，处于向第一象限发展的状态，但行政隶属关系与经济独立性的矛盾关系导致城市缺乏对内向心力和对外带动作用，数字经济发展与共同富裕建设均缺乏显著的协同性。

(4) 低低 L-L 集聚：该类城市多偏离省会和中心城市，例如衢州、丽水自身造血能力不足，周边地区的综合发展能级较低，虽然集聚效应呈现提升的总体趋势，但相对于共同富裕目标还有较大提升空间。

数字经济与共同富裕的局部 Moran's I 指数在两个研究时点存在双轨同步的正向集聚特征，展现出以杭州、宁波市为双核心的数字经济"高高"网状扩散，共同富裕"低低"集聚空间范围逐渐缩小。这表明数字经济发展与共同富裕具备显著的局部空间相关性，提高数字经济发展水平，发挥数字产业化、产业数字化和政府数字治理的带动溢出效应，能够带动区域共同富裕。

(二) 耦合协调度模型

1. 耦合关系趋势分析

为了直观反映数字经济与共同富裕的相关性与时空演变特征，本书选取 2011 年、2016 年和 2021 年的研究时间节点数据，其耦合协调度的可视化结果如图 3.3 所示。

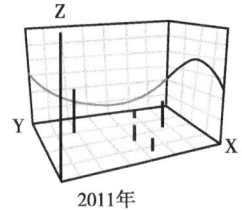
2011年

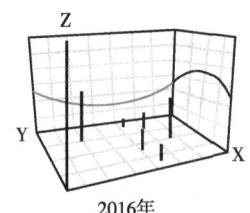
2016年

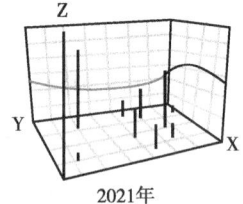
2021年

图 3.3 耦合关系趋势面与时空分布

从时间趋势演化看，浙江省地级市维度的数字经济与共同富裕耦合关系逐渐均衡。首先，数字经济与共同富裕的耦合关系在"东西"方向（X轴）表现为"东西两侧高——中部低"的"U"形态势，但在2011～2021年"东西"方向各地级市之间的耦合关系差距缩小，曲线弧度逐渐变缓；其次，趋势线在"南北"方向（Y轴）始终保持"中部偏北高——南北两侧低"的倒"U"形态势，"南北"方向城市间的耦合关系差距近十年呈现缩小趋势。

从空间分布格局看，浙江省11个地级市数字经济与共同富裕的耦合关系呈现"双核心"的空间特征。数字经济起步阶段，各个城市均在不同程度上存在数字基础设施不完备、政府数字治理意识较差和居民数字服务需求较低等问题；但该阶段粗放式的发展模式致使地区产出效率低且环境保护缺失，这在弱化共同富裕水平的同时降低了耦合协调度。2021年数字经济与共同富裕的耦合协调度呈现出持续增强态势，主因是近些年数字基础设施建设、产业结构转型升级使得区域各个城市均受到了数字经济红利的辐射，浙江省在全国文明城市的创建中，把工作延伸到各个领域、各类群体，群众素质和文明程度的提升充实了共同富裕的精神内核，而中心城市的溢出效应串联起了区域内部数字经济与共同富裕耦合关系的高质量发展。

2. 重心方向演进分析

为了更加全面反映数字经济与共同富裕耦合关系的时空演进特征，描绘演进方向与相对位置。本书引入重心迁移分析。

（1）重心迁移层面。2011～2021年浙江省数字经济与共同富裕耦合关系的重心呈现向北迁移的整体趋势，总迁移距离为11.547千米，这种区域偏移反映了共同富裕的演化特征，杭州市作为省会城市，具有资源与政策优势，阿里巴巴、网易等互联网公司的崛起使得杭州率先推进数字产业化；宁波作为国际港口城市，积极推行化工新材料、新能源等产业数字化改革，杭州、宁波两座城市已逐渐成为浙江发展的"双引擎"，而上海在浙江发展中的引领和溢出效应同样至关重要。具体来看，近十年重心迁移方向不断向北且推进速度趋缓，2011～2016年重心迁移主要向东北与西北方向平均移动8.412千米；向北移动3.135千米。

（2）标准差椭圆变动层面。浙江省共同富裕的地区中心经纬度由 2011 年（120.73237，29.93437）向"东北"方向移动至 2021 年（120.37539，29.91364）。标准差椭圆变动呈"西北"向。具体来看，即椭圆的分布方向始终位于浙江省北部的"东西"走向，在椭圆的分布范围中，椭圆的方位角在 2011 年、2016 年、2021 年三个时点持续增大，由 2011 年的 113.105°增至 2021 年的 116.264°，其短半轴与长半轴均呈现出持续扩张特征。数字经济的跨空间产业辐射优势以及"山海协作"经济结对发展模式，使得浙江省在推进共同富裕过程中强化了经济增长效率与公平的融合。

（三）动态空间计量模型

1. 基准及降维回归分析

Moran's I 指数检验了数字经济与共同富裕具备空间相关性，借鉴 Elhors（2014）的方法确定空间关系的具体形式。首先基于 LM 检验和稳健 LM 检验判断能否选用空间计量模型，其次采用 LMerr 检验与 LMerr-Robust 检验判断空间误差相关性，最后以 LMsar/lag 检验、LMsar/lag-Robust 检验判断空间滞后相关性。如表 3.8 所示，实证结果拒绝 LM 检验原假设，表明相对于非空间模型，空间计量模型能更好地解释数字经济影响共同富裕的作用机制。

表 3.8　　　　　　　　空间计量模型 LM 检验

	检验	统计值	P 值
空间误差相关性	Moran's I	6.735	0.000
	Lagrange multiplier	41.026	0.000
	Robust Lagrange multiplier	3.154	0.000
空间滞后相关性	Lagrange multiplier	62.781	0.000
	Robust Lagrange multiplier	31.605	0.000

LM 检验或稳健 LM 检验的结果拒绝非空间计量模型，需要运用空

间杜宾模型（SDM）判断空间滞后模型（SAR）或空间误差模型（SEM）的适用性，即通过似然比 LR 判断其能否简化为 SAR 和 SEM。如表 3.9 所示，实证结果中 LR 检验在 1% 的显著性水平拒绝 SDM 简化为 SEM 模型或 SAR 模型，同时 SDM 模型 AIC 值显著小于 SAC 模型，结合 R^2 和 Log – likelihood 统计值，可以认定 SDM 是更为适宜的空间面板模型。Hausman 检验值为负数则支持了模型的随机效应（连玉君等，2014）。综上所述，量化数字经济与共同富裕关系的最佳模型为随机效应杜宾模型。

表 3.9　　数字经济对共同富裕的空间估计

变量	非空间面板		空间面板			
	OLS	FE	SAR	SAC	SDM	SEM
DE	0.541***	0.502***	0.313***	0.103**	0.175***	0.264***
UL	-0.117***	-0.126***	-0.105***	-0.011	-0.124***	-0.183***
Fan	-0.143*	-0.062	-0.142**	-0.126*	-0.078	-0.143**
Open	0.135***	0.124***	0.065***	0.133***	0.082***	0.061*
Gov	0.008	0.031*	0.016**	0.036***	0.035***	0.02
Fdi	-0.076	-0.105**	-0.087**	-0.123**	-0.127***	-0.052*
W×digis					-0.152	
AIC	-246.531	-704.41	-616.69	-638.826	-846.671	-571.317
LR_test			231.546***			276.073***
Hausman		28.751 [0.000]	-57.462		-742.016	-185.234
控制变量	是	是	是	是	是	是
Log – likelihood	302.395	531.092	487.448	498.275	608.457	464.657
R^2	0.651	0.683	0.714	0.316	0.785	0.701
N	110	110	110	110	110	110

注：[ ] 中为 P 值，***、**、* 分别表示在 0.01、0.05 和 0.1 的水平下显著。

由于追加空间效应后解释变量的系数不能直接对应为其发挥的边际作用，为了准确界定数字经济对共同富裕的作用程度，使用偏微分方法将空间溢出效应分为直接效应、间接效应及总效应。

如表 3.10 所示，核心解释变量数字经济的直接效应在 1% 的水平显著为正，说明浙江省发展数字经济对实现共同富裕目标具有积极作用，保持其他变量不变，数字经济发展每增加 1 单位，全省共同富裕程度提升 0.162%；数字经济发展的间接效应在 5% 的水平显著为正，保持其他变量不变，数字经济发展每提高 1 单位，相邻地区城市共同富裕程度提高 0.264%；间接效应占比超过 50%，说明与对本地区共同富裕的正向作用相比，数字经济对相邻地区的空间溢出效应更为明显。作为国家数字经济创新发展试验区，浙江省数字经济核心产业发展增速两倍于 GDP 年均增速，2021 年数字经济占 GDP 比重达 48.6%，居全国第一，本书研究结果进一步支持了数字经济加速共同富裕的政策路径，验证了 H3.1。

表 3.10　　　　　空间面板杜宾模型估计结果及模型识别检验

变量	直接效应	间接效应	总效应
DE	0.162 ***	0.264 ***	0.437 ***
Fan	0.101	-0.117 ***	-0.016 ***
Open	0.826	0.169	0.094
Gov	0.1423 *	0.128	0.273 *
UL	-0.207 ***	-0.214	-0.422 ***
Fdi	-0.024 ***	0.012	-0.012

注：***、**、* 分别表示在 0.01、0.05 和 0.1 的水平下显著。

控制变量外商投资（Fdi）的直接效应系数显著为负，表明外商直接投资会对共同富裕建设产生负面作用，这与李光龙等的检验结果一致，可能的原因是引进外资会形成创新与产业依赖，不利于经济高质量发展与地方共同富裕。城市化水平（UL）的直接效应与总效应系数皆显著为负，说明单纯提高城市人口密度会对共同富裕建设产生消极作用，人口集聚有助于发挥城市经济的规模效应，但随之产生的拥挤效应会摊薄经济发展成果。金融规模（Fan）的直接效应不显著，而间接效应与总效应皆显著为负，说明金融资本增长对邻近城市的共同富裕建设具有抑制效果，本地不断扩大的金融发展规模，会对其他城市技术、资本、人才等优质资源产生虹吸效应。

县域经济百花齐放是改革开放以来浙江省经济发展的一大特色，赛迪县域经济研究中心发布的《2022中国县域投资竞争力百强研究报告》中浙江省上榜县域独占27席。伴随着县域经济崛起的还有遍布于浙江省内的"块状经济",即在区域范围内形成的一种专业化极强、地方特色鲜明的产业集群,在地理版图上呈现出块状显著的"经济马赛克",浙江省各个县域的产业政策、制度环境、资源禀赋和发展阶段差异都将致使数字经济与共同富裕水平的地区异质性。基于此本书将拓展县域样本分析,将浙江省11个地级市下辖或代管的区县,按照经济发展水平(人均GDP)分为成熟期、发展期和培育期三类,相关县市数量分别为30个、31个和30个,基于耦合协调度模型的正向空间聚类特征将县域分为东北部、中部和西南部地区,其中东北部样本由杭州、宁波、绍兴、嘉兴、湖州、舟山6个地级市下辖的46个县市组成;中部样本由温州、台州、金华下辖的30个县市组成;西南部样本由衢州、丽水下辖的15个县市组成。从表3.11可以看出,各类城市中数字经济的发展对共同富裕均产生显著助益,但作用程度存在县域异质性,整体而言数字经济对共同富裕的赋能呈现从成熟期、发展期到培育期依次递减趋势,相比于中部和西南部地区,东北部地区数字经济发挥带动作用的效果最为明显。究其原因,数字经济离不开基础设施、产业基础能力、基础科学研究等方面的支持,杭州、宁波等地成熟型县域有较好的数字基础保障设施和长三角内部区位优势,西南地区培育型县域受限于发展阶段与经济基底短时间内难以补齐相关短板,最终结果表现为不同类型县域数字经济红利的释放差异。

表3.11 空间异质性计量结果

	东北部地区	中部地区	西南部地区	成熟型县域	发展型县域	培育型县域
DE	0.5726***	0.2561***	0.0742**	0.5301***	0.3264**	0.0876**
控制变量	是	是	是	是	是	是
个体固定效应	是	是	是	是	是	是
时间趋势	是	是	是	是	是	是
R^2	0.6473	0.6052	0.3185	0.6198	0.5721	0.4235
N	460	300	150	300	310	300

注:***、**、*分别表示在0.01、0.05和0.1的水平下显著。

2. 中介机制分析

为了进一步探究数字经济对共同富裕的驱动途径,本书从产业转型速度、产业结构合理化和产业结构高级化三个方面探讨产业结构升级的中介效应。

表3.12中第(2)列、第(4)列和第(6)列展示的数字经济对产业转型速度、产业结构高级化与产业结构合理化的回归结果均在1%水平显著;在此基础上将数字经济与中介变量同时引入回归模型中,具体结果如表3.12第(3)列、第(5)列和第(7)列所示,其中数字经济变量系数在1%的水平显著为正,且产业转型速度、产业结构高级化和产业结构合理化的变量系数均通过10%的显著为正,表明三者存在积极的中介效应,验证了H3.2。产业转型速度、产业结构高级化和产业结构合理化的中介效应占比分别为28.746%、27.154%和4.667%,即产业结构升级的中介效应主要依靠产业转型速度与产业结构高级化来实现。因此在浙江省数字经济发展过程中,应在保持传统行业转型速度、产业层次稳步提升的基础上,提前布局新业态的结构合理化,以期全面发挥数字经济对共同富裕的良效。

表3.12 中介机制检验结果

	AW	CV	AW	IS	AW	SR	AW
DE	0.823***	0.541***	0.586***	1.293***	0.614***	0.385***	0.761***
CV			0.432***				
IS					0.175***		
SR							0.102*
中介效应占比(%)			31.205		28.347		6.451
控制变量	是	是	是	是	是	是	是
个体固定效应	是	是	是	是	是	是	是
时间趋势	是	是	是	是	是	是	是
R^2	0.861	0.752	0.903	0.746	0.901	0.356	0.882
N	910	910	910	910	910	910	910

注:***、**、*分别表示在0.01、0.05和0.1的水平下显著。

进一步验证异质性城市中产业结构升级对于数字经济发展与共同富裕的中介效应，实证结果如表 3.13 所示。

表 3.13 不同区域的中介效应检验结果

	变量	AW	CV	AW	IS	AW	SR	AW
耦合协调度	东北部							
	DE	0.871***	0.596***	0.641***	1.348***	0.669***	0.442***	0.816***
	CV			0.213***				
	IS					0.315***		
	SR							0.117*
	中部							
	DE	0.875***	0.593***	0.638***	1.345***	0.665***	0.437***	0.813***
	CV			0.304***				
	IS					0.217***		
	SR							0.103*
	西南部							
	DE	0.782***	0.499***	0.544***	1.251***	0.572***	0.343***	0.719***
	CV			0.516***				
	IS					0.092***		
	SR							0.084*
经济发展水平	成熟型							
	DE	0.839***	0.557***	0.601***	1.309***	0.63***	0.401***	0.777***
	CV			0.182***				
	IS					0.347***		
	SR							0.115*
	发展型							
	DE	0.806***	0.524***	0.569***	1.276***	0.597***	0.368***	0.744***
	CV			0.305***				
	IS					0.228***		
	SR							0.101*
	培育型							
	DE	0.766***	0.484***	0.528***	1.236***	0.557***	0.328***	0.704***
	CV			0.523***				

续表

变量		AW	CV	AW	IS	AW	SR	AW
经济发展水平	IS					0.073***		
	SR						0.071*	
	控制变量	是	是	是	是	是	是	是
	个体固定效应	是	是	是	是	是	是	是
	时间趋势	是	是	是	是	是	是	是

注：***、**、*分别表示在0.01、0.05和0.1的水平下显著。

产业结构升级对于数字经济发展与共同富裕建设关系的中介效应存在空间异质性，如表3.13所示，虽然各个地区中产业转型速度、产业结构合理化在总效应中占比均高于产业结构高级化，但相对而言，北部地区和成熟型城市中产业结构高级化的驱动效益提升显著，这与杭州、宁波以及相关县域的发展阶段密切相关，城市在数字经济产值优势建立后会更加注重高质量发展，而南部地区和培育期县域在共同富裕建设中的产业转型速度、产业结构合理化仍然占据绝对主导地位，衢州、丽水等浙西南地区长久以来受限于地理、生态条件，经济发展相对落后，相较于产业结构高级化，亟须树立数字绿色低碳发展理念，在加速新旧动能转换与优化产业结构中协调好"经济发展"与"生态保护"。

四、结论与展望

本书基于2011～2021年浙江省的面板数据，构建数字经济发展与共同富裕建设的综合评价指数，依次运用Moran's I指数、耦合协调度模型与空间杜宾模型，量化数字经济发展对共同富裕的空间溢出效应及作用机制，得到以下结论：第一，数字经济与共同富裕均具有较高的空间相关性，两者呈现出"高高—低低"空间聚类，表明杭州、宁波等稳居于第一象限城市在数字经济发展与共同富裕建设方面带动了省内邻近地区。第二，数字经济与共同富裕之间形成了良性互动模式，时空演进特征表明两者的耦合关系在研究期内显著增长，在空间分布中逐渐确立了"双核心"格局，且在时间维度耦合关系重心迁移方向持续向北。第三，数字经济推动了集聚经济的形成，对城市自身与区域的共同富裕均具有正向作用，间接效应大于直接效应表明数字经济对邻近地区共同富裕的促进更为显著。第四，产业结构升级能够强化数字经济对共同富裕的驱动路径，实证结果表明数字经济通过产业结构升级的中介作用，协调统一了"做大蛋糕"与"分好蛋糕"的发展目标。此外，在加入县域异质性因素后，数字经济能够为东部地区和成熟型县域的共同富裕建设带来更多助益，其中北部地区和成熟型城市中产业结构高级化的中介效益提升显著，而产业转型速度、产业结构合理化在南部地区和培育期县域的共同富裕建设中仍然占据绝对主导地位。

基于研究结论本书提出以下建议。第一，强化数字经济与共同富裕协调发展的政策合力。作为新技术催生的新型经济形态，数字经济已成为引领高质量发展的主引擎，针对早期出现的市场不正当竞争与资本无序扩张现象，应建立"鼓励发展+负面清单"政策体系，规范各类主体经营行为与社会资本流向，引导先进数字技术与传统产业深度融合，加快实现产业数字化与数字产业化。第二，构建"一城一业"到"耦合生长"的产业协同路径。浙江已经推出"一县一业一样本"的企业数字化改造方案，支持山区26县申报"一县一业"扶持项目。需要注意的是"块状经济"虽然曾为浙江富民强省作出了突出贡献，但仍然存在不均衡、结构散、层次低、创新弱的固有缺陷。为充分发挥中心城市的空间溢出效应，应适时推动数字经济全链共享，支持县域因地制宜接入产业集群，形成区域数字经济耦合发展体系，在地区经济高质量发展中夯实共同富裕的物质基础。此外，应加强农村和欠发达地区的数字化基础设施建设，增强数字服务的可得性，在提升经济增量效率的同时，兼顾经济存量的分配公平。

第四节 数字经济、高职教育与共同富裕研究

2021年11月，党的十九届六中全会审议通过《中共中央关于党的百年奋斗重大成就和历史经验的决议》，把推动全体人民共同富裕取得更为

明显的实质性进展作为新时代重要战略任务。2022年4月，十三届全国人大常委会第三十四次会议表决通过新修订的职业教育法，近年来首次明确提出职业教育与普通教育具有同等重要地位。同年8月，习近平总书记在向世界职业技术教育发展大会的贺信中指出职业教育与经济社会发展紧密相连，对增进人民福祉具有重要意义。在党和国家领导人的关切与政策催发下，职业教育迎来提质扩容的发展机遇期。同时，作为新一轮科技革命的产物和全球发展的新动能，数字经济将对经济增长与社会结构变革产生深刻影响。近年来我国政府积极谋划并出台了《数字中国建设整体布局规划》《数字经济促进共同富裕实施方案》等支持性政策，高水平高职教育发展、共同富裕建设与数字经济变革三方面的政策趋向产生了同频共振效应。

学术界构建了渐趋科学与详实的二维、三维、多维共同富裕指标体系，形成了国民经济核算与指数法两类数字经济测度方法，并从理论层面揭示了教育对经济发展的作用逻辑，但缺乏关于教育、数字经济对共同富裕促进效应的实证数据。基于此，研究高职教育对共同富裕的驱动机制、数字经济对两者关系调节的效应，既是现阶段培养高素质技术技能人才、产业数智化变革、增进民生福祉等政策协同改革中亟需廓清的关键议题，也是对已有政策实施成效的测度、对社会发展未来趋向的有效回应。

一、理论机理与研究假设

（一）高职教育与共同富裕的作用关系

共同富裕是一个复合名词和事实性概念，反映的是共同与富裕的有机统一。马克思主义政治经济学中将富裕界定为生产力范畴，基于现代人需求特点，把富裕的理论内涵拓展为财富充裕，这意味着家家"仓廪实衣食足"的物质富余与人人"知礼节明荣辱"的精神自信均得充分实现；共同的主体为全国各族人民，共同的理念是通过相互帮助和辛勤劳动，协同社会富庶、国家富强、人民富有、精神富足。2023年5月，习近平总书记于中共中央政治局第五次集体学习时指出"建设教育强国是促进全体人民共同富裕的有效途径"。美国国家经济研究署对146个国家的相关数据实证分析结果表明，人均受教育年限每提升1年将转化为2%的经济增量；世界银行相关研究指出，劳动力人均受教育时间每增加1年能够增加9%的国内生产总值。高职教育是现代高等教育体系的重要基石，其通过传授专业技能以提升受教育者就业能力与劳动收益，进而助推共同富裕。

从价值意蕴角度看，高职教育投入助益共同富裕的关键在于提升专业技能的适应性。具体而言，围绕"人"与"产业"体现在两方面：一是回归教育性，促进个体的全面发展。基于"人"的基本点，高职教育面向实践而培养高素质技术技能人才，增加教育投入将使得学校获得更多的支持性资源，以全生命周期理念肩负起人力资本培训的普惠性重任，帮助劳动者实现物质和精神的双富裕。二是彰显经济性，回应地区发展需求。教育部公布数据显示，2025年国内制造业核心领域的人才需求缺口将达到3000万人，职业教育提质扩容将极大地改善重点产业技术技能人才供给情况。近年来，产业技术"卡脖子"问题引发国人担忧，内生增长理论认为，国民经济可持续发展的关键因素是技术升级，而知识溢出效应与科技创新存在内相关性。高职教育的资源投入将加快专业知识沉淀载体的构建，催发技术升级与各产业协同发展，促进区域内部财富倍增效应。从实践逻辑角度看，高职教育以就业为导向，基于工具理性构建现代学徒培训、在职员工培训、创业培训、再就业培训等阶段渐进式的培养模式，提升劳动者职业竞争力与低收入人员专业技能水平，实现就业格局与社会财富的优化。资源倾斜投入下的高职教育内涵式发展，有助于在服务经济做大蛋糕过程中缩小地区财富差距。基于此，本书提出如下假说：

H3.3：高职教育投入有助于缩小贫富差距与促进经济增长，推动浙江省共同富裕建设。

（二）数字经济与共同富裕的作用关系

解放和发展生产力、保持经济稳定增长，是实现共同富裕的物质基础。数字技术的共享性、均衡性与普惠性特征，打破了时空、阶层的限制，有效降低了微观主体之间的交易费用，推动生产要素与资源自由流动融合，展现出"做大蛋糕"的社会财富创造机制。数字经济发展与共同富裕建设的高度契合性具体体现在三个方面。首先,数字技术催生了经济增长的新机遇,经典投资理论主要关注物质与人力资本,由于资源禀赋、产业基础、地理区位等因素限制,城市群内部"发展洼地"很难基于传统产业路径复制经济高速增长奇迹。而数字经济带来了数据资源这一新型生产要素,其非稀缺性、非排他性等特征为欠发达地区的新业态规模化发展提供了"比学赶帮超"的技术红利。其次,数字经济加速了区域高质量一体化发展。信息技术能够打破传统产业模式中的市场无形壁垒与地域距离禁锢,数字经济的强劲流动性与显著时效性增加了区域内部经济耦合度,低跨界迁移成本将为欠发达地区争取更多的产业资源,促进我国经济地理的均衡布局。此外,数字产业化与传统行业数字化转型亦将驱动信息技术向更多实体场景延伸,推动了原有经济模式的提质增效,在兼顾"做大蛋糕"和"切好蛋糕"过程中推进共同富裕。据此,本书提出如下假设:

H3.4:数字经济有助于经济增长与财富均衡发展的同向前行,促进浙江省共同富裕建设。

(三)数字经济对高职教育与共同富裕关系的调节效应

数字技术与高职教育融合衍生的新型教育模式,大幅优化知识获取的公平性与普惠性,有助于实现"教育致富"。数字经济赋能高职教育高质量发展的内在机理为数字技术依托自身的协同效应、共享效应、创新效应,助推高职教育的开放化、类型化发展。其中,数字经济的协同效应体现在,基于数字产业化与教育数字化改革,构建多元主体互动、系统交互平台,解决政策制定者(政府)、内部人才培养方(职业院校)、外部劳动力需求方(企业)之间的信息迟滞性难题,促进"互动、衔接、共生、耦合"产教融合的区域发展格局。数字经济的共享效应体现在突破物理距离限制,构建面向全国职业教育的技能培训、资源分发、就业招聘平台,实现高职教育内部层次完整、外部资源畅通开放的现代高职教育体系,弥合教育信息"鸿沟"以改善欠发达地区的人力资源水平,助益新质生产力发展。数字经济的创新效应体现在将信息技术有机融入高职教育的内部更新,通过科学调整资源要素比例、持续增加新要素投入，革新专业建设宏观层面（如人才培养目标、治理模式、发展定位）和微观层面（如师资队伍、教材体系、课程标准、实训实践基地），以促进高职院校育人模式的根本性变革。高职教育在数字经济催化下实现了自身内涵式发展，显著提升的技术技能人才培养质量满足了新业态和新岗位的发展需求，推动共同富裕走向更高层次。据此，本书提出如下假设：

H3.5：数字经济强化了高职教育投入对浙江省共同富裕建设的积极作用。

二、研究设计

（一）变量选取

1. 数字经济发展水平（DE）

借鉴韩先锋（2019）、赵涛（2020）和王军（2021）等的指标测度方法与量化模型，遵循数据可获取性、导向性、典型性原则，从数字经济基础设施、数字经济发展环境、产业数字化和数字产业化四个维度构建了数字经济发展水平指标体系。其中，二级指标中产业数字化是指以数据为关键资源，以价值释放为核心，对传统产业链上下游的全生产要素数字化的转型与再造过程，评价指标包含数字金融数字化程度、高技术产品出口额占比、数字金融覆盖广度等；数字产业化是指通过信息技术的市场化应用，推动软件服务、互联网等数字产业的形成与发展，评价指标包含软件业务收入、电信业务总量、快递业务量、信息软件与技术服务业城镇单位就业人数等。通过熵权法构造权重 w_i 以及归一化处理变量，量化各个地级市的数字经济发展水平。

2. 共同富裕（CR）

在系统性梳理党的十八大以来，习近平总书记关于共同富裕的系列讲话精神，借鉴刘培林（2021）、李金昌（2022）和徐振宇（2024）等指标体系构建方法的基础上，本书紧扣共同富裕概念内涵，为了避免过多变量造成相关性过高的现象，凝练于富裕与共享两个维度，居民生活、教育和医疗两个方面，制定了囊括恩格尔系数、居民人均可支配收入、消费者价格指数等 14 个三级指标的共同富裕评价体系。为了避免赋权主观性问题以及多指标数据重叠弊端，运用 CRITIC—熵权—TOPSIS 模型测度相关指数，如表 3.14 所示。

表 3.14　　共同富裕与数字经济的指标体系

综合指标	一级指标	二级指标	三级指标	单位
共同富裕（CR）	富裕程度（CR1）	居民生活	人均 GDP	元/人
			居民人均可支配收入额	元
			居民人均消费性支出额	元
			恩格尔系数	/
			消费者价格指数	/
		教育和医疗	平均教育经费收入额	元/人
			人均公共图书馆藏量	册/人
			每万人医院床位数	个/万人
	共享程度（CR2）	居民生活	收入基尼系数	/
			劳动者初次分配报酬占比	%
			城乡收入倍差	/
			城乡消费倍差	/
		教育和医疗	教育基尼系数	/
			城乡医疗差距泰尔指数	/
数字经济（DE）	数字经济发展环境（DE1）	治理水平	政务部门微博数	个
			数字知识产权成交合同数	个
		创新程度	研发经费	亿元
			软件研发就业人数	人
	数字经济基础设施（DE2）	传统发展载体	移动互联网接入用户数	万户
			每千人拥有互联网域名数	万个
			互联网宽带接入端口数	万个
			每千人拥有网站数	万个
		数字发展载体	电子信息产业固定投资	亿元
			IPV4/IPV6 地址数	万个

续表

综合指标	一级指标	二级指标	三级指标	单位
数字经济（DE）	数字产业化（DE3）	产业种类	信息通信技术领域上市公司数	个
			互联网百强企业数	个
		产业规模	信息服务收入规模	亿元
			电信业务总量	亿元
			信息服务业与信息软件	亿元
			城镇单位就业人员工资总额	
	产业数字化（DE4）	工业数字化	工业应用互联网比重	%
			工业企业每百人使用计算机数	台
			工业企业电子商务交易额	亿元
		服务数字化	数字普惠金融指数	/
			电子商务交易额	亿元
			电子商务交易活动企业比重	%
			互联网相关服务业投入	亿元

3. 高职教育倾斜投入（HVE）

关于职业教育对经济发展、产业变革等因素的作用机制，相关实证分析针对"职业教育"的量化指标进行了较为丰富的探索。王敏杰（2021）、江嘉栋（2019）等以教育支出作为职业教育的替代指标，何佑石（2023）采用高等职业学校毕业（结业）人数占年末人口总数的比值表示高职教育发展情况。这些指标在数据可得性和分析便利性方面存在优势，本书高职教育投入的测算指标是"倾斜度指数"，借以量化本年教育经费偏向高职教育程度。已有研究关于教育财政倾斜度是计算经费投入占同级教育经费投入总量比重，但该测算方法未能准确考察经费增量的投入情况。参考近十年《经费统计年鉴》中"教育经费收入情况"项目里"国家财政性教育经费"信息的基础上，本书兼顾数据可得性和科学性，以地方高职院校财政性教育经费增长比率与同级教育财政性经费增长比率的比值，作为"倾斜度指数"的计算方式。基于倾斜度指数量化值，把高职教育倾斜投入的倾斜度定义为相对不倾斜、不倾斜、相对倾斜与绝对倾斜，具体测算方法见表3.15。

表 3.15　　　　　　　高职经费投入倾斜度指数的测算方法

测量指标	教育经费	测度方法	评价结果
高职经费投入倾斜度	GT>0 BT>0	$\frac{GT}{GT+BT} \times 100\%$	>50%，定义为绝对倾斜 =100%，定义为相对倾斜 ≤50%，定义为不倾斜 =0%，定义为相对不倾斜
	GT>0 BT<0	$\frac{GT}{GT+BT+|BT|} \times 100\%$	
	GT<0 BT>0	$\frac{GT+|GT|}{GT+BT+|BT|} \times 100\%$	
	GT<0 BT<0	若 |GT|<|BT|，则： $\frac{GT+|BT|}{GT+BT+2|BT|} \times 100\%$ 若 |GT|>|BT|，则： $\frac{GT+|GT|}{GT+BT+2|BT|} \times 100\%$	

注：GT 为高职投入增长比率，BT 为本科投入增长比率。

（二）模型设定

1. 高职教育投入对共同富裕影响机制的多元线性回归模型：

$$CR_{it} = \alpha_0 + \alpha_1 HVE_{it-1} + \alpha_2 Control_{it-1} + Time + Province + Trend \times Province + \varepsilon_{i,t} \quad (3.26)$$

其中，被解释变量 CR_{it} 为城市 i 第 t 年的共同富裕程度；解释变量 HVE_{it-1} 为高职教育的财政投入情况，以"倾斜度指数"表征，一般认为教育对共同富裕的作用效果具有时滞性，因此高职教育投入指标采取滞后一期数据，有助于规避反向因果问题，控制变量指标 $Control_{it-1}$ 也选用滞后一期数据。Time 与 City 分别代表时间与城市固定效应；Trend × City 为时间趋势与城市的交互项。为了准确考察高职教育投入对共同富裕的影响，基于国内外已有研究经验添加一系列控制变量以消除区域层面的经济效应干扰，人均外商直接投资 FDI，以外商投资企业投资总额除以总人口数计算各城市数值；城镇化率 UL，以城镇常住人口除以总人口表示；对外开放水平 OL，计算方式为进出口总额除以名义 GDP；高中和中职在校人数变化 HVNC，采取每十万人口中职与高中学校在校生平均数增长率替代。

2. 数字经济影响共同富裕、数字经济调节高职教育对共同富裕作用的多元线性回归模型：

$$CR_{it} = \beta_0 + \beta_1 DE_{it-1} + \beta_2 Control_{it-1} + Time + Province \\ + Trend \times Province + \varepsilon_{i,t} \quad (3.27)$$

$$CR_{it} = \varphi_0 + \varphi_1 HVE_{it-1} + \varphi_2 DE_{it-1} + \varphi_3 HVE_{it-1} \times DE_{it-1} + \varphi_4 Control_{it-1} \\ + Time + Province + Trend \times Province + \mu_{i,t} \quad (3.28)$$

模型（3.27）考察了数字经济对共同富裕的作用机制，模型（3.28）量化了数字经济对高职教育投入与共同富裕关系的调节效应。被解释变量 DE_{it-1} 表征了城市 i 第 t-1 年的数字经济发展水平，其余变量的概念定义、测度方式与模型（3.26）中保持一致。

（三）数据处理

本书以 2013～2023 年浙江省 11 个地级市相关指标构建实证研究的面板数据，工业是推动经济增长的主要动力，是吸收农村富余劳动力就业的重要渠道，也是实现产业信息化的重要载体，故基于 10 年间"规模以上工业营收"均值与 GDP 均值的比例，将地级市分为 5 个"数字经济与共同富裕发展基础发达地区"和 6 个"数字经济与共同富裕发展基础欠发达地区"（以下简称为发达地区与欠发达地区）。

数字经济与共同富裕两类指标的原始数据主要源于《中国统计年鉴》《中国工业统计年鉴》《中国城市统计年鉴》《中国科技统计年鉴》《中国信息产业年鉴》以及浙江省各地方统计年鉴，数字经济指标中"数字普惠金融指数"取自北京大学数字普惠金融研究中心每年公开发布的信息。高职教育投入的数据源于《中国教育统计年鉴》《中国教育经费统计年鉴》和《中国统计年鉴》。控制变量的相关数据主要取自《中国人口和就业统计年鉴》、中经网数据库、同花顺数据库和地方统计年鉴。数据的时间跨度为 2013～2023 年，由于模型（3.26）～模型（3.28）中的解释变量为滞后一期，因此解释变量与被解释变量的样本区间分别选取 2013～2022 年和 2014～2023 年。运用对数法处理调节相关参量之间协整度，以向前向后等距插值法补充各类指标的缺失信息。

三、实证结果与分析

(一) 描述性统计

2013~2023年全国地、市级共同富裕指标均值分布于45左右,各样本区间的共同富裕标准差约20,数值的最小值为0,最大值约100,表明指标离散程度越高,共同富裕程度的地区异质性越显著;省级倾斜度指数的分地区结果表明,10年间高职教育经费倾斜程度最高(绝对倾斜投入次数最多)的4个省份分别是浙江(5次)、福建(5次)、湖南(5次)、重庆(4次),其人均GDP也居于前列;高职教育经费倾斜程度最低(不倾斜次数最多)的省份分别为黑龙江(8次)、江西(7次)、广西(7次)、甘肃(7次)青海(7次),其人均GDP也相对落后。这初步揭示出高职教育的财政支持程度存在显著地区异质性,且高职教育投入倾斜度与地区经济发展存在同向变动关系,如表3.16所示。

表3.16 高职经费投入倾斜度指数

年份	2013年	2014年	2015年	2016年	2017年	2018年	2019年	2020年	2021年	2022年	2023年
全国	21.23	100	36.73	38.41	26.07	44.26	23.21	23.7	60.73	56.14	61.03
北京	24.8	0	17.35	100	100	56.16	100	0	100	57.21	100
天津	0	0	100	89.9	100	0	100	100	100	0	100
河北	12.37	100	0	48.33	28.29	41.32	100	58.02	84.25	48.32	84.25
山西	26.73	100	0	10.33	100	23.46	0	0	100	33.48	100
内蒙古	100	100	24.04	100	0	15.66	15.72	16.54	0	18.03	
辽宁	35.33	100	0	100	100	100	100	50.24	57.69	58.01	58.72
吉林	56.63	0	100	28.25	100	0	29.89	100	29.95	100	36.91
黑龙江	21.4	100	21.38	29.86	1.04	100	5.86	33.93	28	100	23.07
上海	38.81	23	100	27.1	100	100	100	100	100	100	100
江苏	40.51	100	68.87	22.76	36.84	0	44.06	20.64	48.69	0	50.12
浙江	100	100	78.95	28.81	100	50.05	100	51.72	100	50.05	76.24

续表

年份	2013年	2014年	2015年	2016年	2017年	2018年	2019年	2020年	2021年	2022年	2023年
安徽	39.75	0	0	79.84	100	36.08	100	49.85	36.83	36.08	44.82
福建	16.41	100	42.73	54.42	100	36.49	100	50.63	76.46	56.49	77.46
江西	20.49	100	100	29.21	8.57	46.31	60.3	8.27	37.04	46.31	40.01
山东	12.42	100	79.19	26.59	28.85	100	20.3	20.5	100	100	100
河南	10.87	100	44.74	41.28	25.74	100	17.03	39.44	74.18	100	74.18
湖北	36.98	0	100	67.85	33.61	100	18.77	9.94	100	100	100
湖南	29.18	100	75.8	0	0	71.86	61.84	83.71	30.13	50.84	48.12
广东	11.09	100	47.39	32.02	41.18	43.72	100	47.6	100	52.76	100
广西	6.35	33.34	53.42	49.71	0	38.63	0	43.59	48.44	38.63	41.01
海南	46.25	0	100	1.22	0	0	20.03	0.57	1.52	0	7.23
重庆	39.84	100	0	55.39	90.19	0	0	34.2	59.04	0	54.86
四川	8.89	100	84.09	0	23.87	100	57.78	18.38	56.14	0	50.12
贵州	41.56	1.09	0	31.9	0	37.86	0	47.85	100	36.87	100
云南	12.29	100	7.09	0	0	29.25	16.91	0	45.12	29.25	46.01
西藏	100	20.49	0	0	0	38.72	49.39	0	39.33	34.02	40.25
陕西	0	100	67.76	34.6	36.89	30.07	33.2	0	100	38.72	100
甘肃	23.61	0	17.1	67.81	31.05	0	42.25	31.55	14.34	0	13.03
青海	100	100	14.78	100	58.56	46.21	41.59	21.37	39.96	42.02	40.85
宁夏	100	0	52.45	27.49	100	3.17	0	0	46.16	13.15	26.14
新疆	0	33.94	0	68.26	0	0	0	7.13	26.14	0	28.06

表3.17给出的主要变量描述统计结果显示，浙江省发达地区与欠发达地区的共同富裕指标均值分别在48、41左右，且两个样本组的均值与中位值较为相近，说明我国的共同富裕建设是有一定经济存量基础的，但共同富裕离散程度较高，最小值为0，最大值超过90，标准差大于16，表明我国共同富裕程度存在显著地域异质性；高职经费投入方面，发达地区高职经费投入倾斜指数均值为56.2453，欠发达地区高职经费投入倾斜指数均值为38.1672，这种数据差异体现出我国高职教育投入存在显著的地区差异。

表3.17　　　　　　　　　主要变量描述性统计

	观测值	均值	标准差	最小值	中值	最大值
发达地区共同富裕	110	48.9062	16.3125	0.0000	48.7842	98.0716
欠发达地区共同富裕	110	41.2146	21.3125	0.0000	40.3411	90.6928
发达地区高职经费投入倾斜	110	56.2453	7.9631	0	58.6143	100
欠发达地区高职经费投入倾斜	110	38.1672	12.1378	0	37.1672	100
发达地区数字经济水平	110	1.7621	1.6134	-1.0583	0.8235	10.6673
欠发达地区数字经济水平	110	0.0001	2.4235	-5.1825	-0.1726	5.6085
城镇化率	110	57.6508	12.5421	23.6327	55.4073	94.7653
对外开放水平	110	0.3761	0.3142	0.0314	0.2082	1.5971
人均FDI	110	38.1802	58.6314	1.2878	13.4116	387.0178

（二）多元线性回归

1. 高职教育对共同富裕的作用分析

表3.18列示了模型（3.26）的回归结果，第一列至第三列分别检验了高职教育对浙江省总体、发达地区与欠发达地区城市样本共同富裕的影响。

表3.18　　　　　　　高职教育投入对共同富裕的作用

	被解释变量——共同富裕		
	浙江省	发达地区	欠发达地区
浙江省高职教育投入	1.2437 ** (0.3521)		
发达地区高职教育投入		0.8234 ** (0.1256)	
欠发达地区高职教育投入			2.0735 *** (0.8437)
对外开放水平	-28.7234 ** (11.1262)	11.8403 ** (12.0578)	58.0789 *** (6.9844)
城镇化率	0.8893 *** (0.1071)	0.1611 (1.4138)	2.0124 *** (0.8196)
高中人数变动	54.0423 *** (13.5138)	-23.1347 ** (13.3864)	-24.0843 *** (10.4712)

续表

	被解释变量——共同富裕		
	浙江省	发达地区	欠发达地区
人均 FDI	0.0873 (0.08401)	-0.0386 (0.0462)	-0.0258 (0.0673)
城市固定效应	控制	控制	控制
时间固定效应	控制	控制	控制
城市时间趋势	控制	控制	控制
样本数	110	50	60
R^2	0.1652	0.1285	0.1423

注：括号内为标准误，*、**、*** 分别代表10%、5%和1%的显著性水平。

在浙江省整体层面，控制城市固定效应、时间固定效应、城市时间趋势后，高职教育投入倾斜度每提高1个百分点，会在5%显著性水平上促进共同富裕总体增加1.2437。这表明现阶段高职教育投入对于缩小居民收入差距、提升社会富裕与共享程度发挥了积极的促进效应，亦在一定程度上对以财政投入引导高职教育为各行各业打造技术沉淀与人力资本溢出平台，助推社会统筹发展与经济转型升级的政策路径提供了实证依据，验证了假说H3.3的观点。其中，控制城市固定效、时间固定效应、城市时间趋势后，发达地区样本中高职教育投入倾斜度每提高1个百分点会在5%显著性水平上促进共同富裕总体增加0.8234；更为完善的高端产业结构使得发达地区的人力资本经济效应愈发显现，人力资本扩张能够提高劳动效率，从而推动居民收入增长、财富差异缩减。欠发达地区样本中高职教育投入倾斜度每提高1个百分点会在1%显著性水平上促进共同富裕总体增加2.0735。高职教育对欠发达地区居民减贫与地区发展的作用体现为应用实践性知识的供给，契合欠发达地区产业特点培养受教育者的专业技术与职业素养，提升劳动力人口平均学历层次、激活就业理念。

相较而言，欠发达地区高职教育对共同富裕发挥了更为积极的正向作用，说明高职教育通过培养高素质技术技能人才，加快欠发达地区技术结构升级与各产业协同发展，显著实现了专业技能的"人"与"产业"适应性的价值意蕴，"职教一人，就业一人，脱贫一家"的共同富裕实践路径显著改善了低收入人员的创富本领,在做大经济蛋糕过程中更好地实现了欠发达地区的就业格局优化与收入倍增。

2. 数字经济对共同富裕的作用分析

表3.19列示了模型(3.27)的回归结果,第一列至第三列分别检验了数字经济对浙江省总体、发达地区与欠发达地区城市样本共同富裕的影响。

表3.19　　　　　　　　数字经济对共同富裕的作用

	被解释变量——共同富裕		
	浙江省	发达地区	欠发达地区
浙江省数字经济	1.7516 * (4.8502)		
发达地区数字经济		0.8264 * (1.6041)	
欠发达地区数字经济			4.7923 ** (2.5647)
城镇化率	1.025 *** (0.2738)	0.4165 (1.3208)	2.8301 *** (0.7124)
对外开放水平	-30.7234 *** (13.5216)	17.5022 * (26.0361)	62.7804 *** (9.0952)
人均FDI	-0.0064 (0.1025)	-0.0162 (0.0673)	-0.1715 *** (0.0362)
高中人数变动	-62.1216 *** (19.2014)	-34.8205 *** (15.4683)	-38.9603 *** (10.3124)
城市固定效应	控制	控制	控制
时间固定效应	控制	控制	控制
城市时间趋势	控制	控制	控制
样本数	110	50	60
R^2	0.1876	0.1502	0.1741

注:括号内为标准误,*、**、*** 分别代表10%、5%和1%的显著性水平。

在浙江省整体与发达地区城市样本层面,控制城市层面变量、时间固定效应以及城市时间趋势后,数字经济发展程度每提高1个百分点,分别会在10%显著性水平上促进共同富裕总体增加1.7516与0.8264,数字经济发展水平每提高 1 个单位,在 5%显著性水平上使得发达地区样本层面的共同富裕增加 4.7923。这在一定程度上验证了数字经济有效促进资源融合,推动生产要素和社会财富自由流动与积累的"做大蛋糕"动力机制,验证了假说 H3.4 的观点。

欠发达地区回归结果的显著性与系数值均高于全国平均水平,这表明数字经济对此类地区共同富裕发挥了更为积极的正向效应。数字技术的非稀缺性、非排他性等特征将为低成本优势地区争取更多的产业资源,是激发欠发达地区"比学赶帮超"的技术红利。此外,数字经济也带来了均等化就业机遇,借助数字化技术突破时空限制为偏远地区的低技能劳动者提供更多专业培训,实现了经济包容性增长与个体收入分配优化。

3. 数字经济对于高职教育与共同富裕关系的调节效应

表 3.20 为模型 (3.28) 的回归结果,第一列至第三列分别检验了浙江省总体、发达地区、欠发达地区地级市样本层面,数字经济对于高职教育投入倾斜度与共同富裕建设关系的作用机制。

表 3.20　数字经济对高职教育与共同富裕关系的调节效应

	被解释变量——共同富裕		
	浙江省	发达地区	欠发达地区
浙江省 HVE × DE	0.3742** (0.0865)		
发达地区 HVE × DE		0.1483 (0.1057)	
欠发达地区 HVE × DE			0.4061*** (0.5328)
全国 HVE	0.2351* (0.3254)		
发达地区 HVE		0.1542 (0.1761)	
欠发达地区 HVE			1.4785** (0.5271)
全国 DE	0.1782 (3.2063)		

续表

	被解释变量——共同富裕		
	浙江省	发达地区	欠发达地区
发达地区 DE		0.0746 (3.5498)	
欠发达地区 DE			4.3183** (6.0471)
城镇化率	1.1405*** (0.2517)	0.2731 (1.3165)	2.7368*** (0.7234)
对外开放水平	-21.5134** (17.2416)	12.4826 (21.0758)	43.5167*** (8.2653)
人均 FDI	-0.0151 (0.1015)	-0.0207 (0.0736)	-0.1403*** (0.0528)
高中人数变动	-76.5246*** (17.3108)	-36.1752** (15.5623)	-40.8501*** (8.2351)
城市固定效应	控制	控制	控制
时间固定效应	控制	控制	控制
城市时间趋势	控制	控制	控制
样本数	110	50	60
R^2	0.1367	0.0973	0.1351

注：括号内为标准误，*、**、*** 分别代表 10%、5% 和 1% 的显著性水平。

控制城市层面变量、时间固定效应以及城市时间趋势后，在浙江省总体、发达地区与欠发达地区城市样本层面，交互项 HVE×DE 系数皆为正值，数字经济发展表现出对于高等教育与共同富裕建设关系的积极作用。这验证了数字经济催化下的高职教育内涵式发展，在提升技术技能人才培养质量、提高劳动者收入、支持产业转型发展中能够加速共同富裕建设，验证了假说 H3.5。

具体而言，浙江省总体与欠发达地区城市样本层面，数字经济发展正向影响的显著性水平分别为 5%、1%，发达地区城市样本在 10% 的显著性水平上不显著。这表明数字经济与欠发达地区高职教育的融合度更强，该地区的人力资本在质与量方面均存在短板，数字经济的共享效应能有效改善低经济水平地区教育资源匮乏问题，通过改善劳动者的技能水平推动技术创新，以更高的全要素生产率加速传统劳动密集型向资本密集型或技术密集型的产业结构升级，更好地实现欠发达地区"做大蛋糕"与"分好蛋糕"。

（三）稳健性分析

1. 替换被解释变量

为了进一步检验实证结果稳健性，借鉴李宏兵（2022）的测算思路，构造 ICT 资本增长贡献序列与 TFP 增长贡献序列之间的向量自回归模型，测算产业数字化与数字产业化增加值，以此表征数字经济发展水平。借鉴纪园园等人（2024）的方法，采用家庭人均可支配收入的对数作为共同富裕的量化指标。

2. 添加控制变量

为了消除遗漏变量所引发的内生性问题，在基准回归的基础上，增设了 4 个控制变量。其中产业结构合理化，借鉴干春晖等人（2011）构建的"泰尔指数"方法计算；产业结构高级化，借鉴付凌晖（2010）的做法，由三次产业增加值比重与对应产业劳动生产率的乘积加权值测度；专利授权，采用国内专利申请授权量中实用新型、发明、外观设计三类汇总值；交通基础设施，采用公路里程数除以土地总面积表示；市场需求，由社会消费品零售总额计算，其代表本地市场消费相对活跃度。相关数据取自中经网数据、同花顺数据库，如表 3.21 所示。

表 3.21　　　　　　　　　　稳健性检验

	浙江省总体共同富裕	发达地区共同富裕	欠发达地区共同富裕
Test Model1：高职教育与共同富裕			
浙江省城市高职教育	0.2143* (0.2315)		
发达地区高职教育		0.3507 (0.2361)	

续表

	浙江省总体共同富裕	发达地区共同富裕	欠发达地区共同富裕
欠发达地区高职教育			1.5246 ** (0.6895)
样本数	110	50	60
R^2	0.2041	0.1476	0.1635

Test Model2：数字经济与共同富裕

	浙江省总体共同富裕	发达地区共同富裕	欠发达地区共同富裕
浙江省数字经济	3.5146 * (3.4725)		
发达地区数字经济		2.6058 * (2.1743)	
欠发达地区数字经济			7.3571 *** (2.3046)
样本数	110	50	60
R^2	0.2368	0.1814	0.2137

Test Model3：数字经济对于高职教育与共同富裕调节效应

	浙江省总体共同富裕	发达地区共同富裕	欠发达地区共同富裕
浙江省城市 HVE * DE	0.2073 * (0.0641)		
发达地区 HVE * DE		0.1856 (0.0843)	
欠发达地区 HVE * DE			0.3425 ** (0.8016)
样本数	110	50	60
R^2	0.1558	0.0964	0.1543

注：括号内为标准误，*、**、*** 分别代表10%、5%和1%的显著性水平。

表3.21列示了模型（3.26）~模型（3.28）的稳健性检验结果。在原有变量、城市固定效应、城市时间趋势基础上增加5个控制变量，受重要性与篇幅所限，仅列示解释变量的系数、显著性和标准误。回归结果表明，在10%的显著性水平上，浙江省总体样本中高职教育投入倾斜度增加会在10%的显著性水平上提升共同富裕水平；欠发达地区高职教育投入倾斜度则在5%的显著性水平上表现出对共同富裕的正向作用。在各个城市样本层面数字经济均展现出对共同富裕的显著促进效果，但其对欠发达地区共

同富裕影响的程度与显著性水平均更高（在1%的显著性水平上）。在浙江省总体与欠发达地区城市样本中，数字经济发展改善了高职教育投入对于共同富裕建设的积极作用。产业结构合理化与产业结构高级化的系数均为正值，且至少在一个城市样本层面表现出10%的显著性水平，这也检验了数字经济依托自身的协同效应、共享效应、创新效应，加速高职教育发展，提升地区共同富裕水平。

四、结论与展望

本书基于2013~2023年浙江省11个地级市维度面板数据，从富裕与共享两个维度构建了共同富裕评价体系，以地方高职财政性教育经费增长比率与同级教育财政性经费增长比率的比值测度高职教育倾斜投入，围绕数字经济发展环境、数字经济基础设施、数字产业化和产业数字化四个维度设计了数字经济发展水平指标体系，并在浙江省总体、省内发达地区、欠发达地区三个样本层面计算共同富裕建设、高职教育财政投入与数字经济发展情况，分别回归分析高职教育、数字经济对共同富裕的作用程度，检验数字经济对于高职教育与共同富裕关系的调节效应后得出结论：一是高职教育财政投入对共同富裕发挥了积极的促进作用；二是数字经济发展促进了地区共同富裕水平；三是交互项的实证结果揭示出数字经济的调节效应差异性。

基于高职教育、数字经济与共同富裕的实证结论，本书从阶段渐进性、科学性与全面性角度出发，提出以下建议。

1. 多方式并举提升高职教育的资源投入

（1）适时适度调节院校间的财政拨款差距。高职发展智库统计的2024年916所高职院校年度预算经费收入中位数约为2.56亿元，最高的深圳职业技术大学已逾33.44亿元，而贵州电力职业技术学院仅为630万元。建议以4~5年为实施周期，对系统评定出的办学经费困难院校，加大中央转移支付力度、设立扶持性教育发展专项资金，在政府财政拮据的地区探索混合所有制办学，吸引企业和社会各界投资教育，多方式补齐高职院校的资金短板。(2) 高职教育财政拨款向欠发达地区倾斜。党的十八大以来，各地援疆累计投入资金已超 271 亿元，在财政拨款等援疆政策加持下，当地职业教育取得显著进步，但贵州、甘肃、宁夏等诸多西部省区以及中部、东部的欠发达城市亦存在财政资金匮乏、高职教育投入短缺的问题。因此需要继续强化跨区域的"援疆、援青、援甘"以及省域内部"山海协助"工程，通过直接资源投入的方式改善欠发达地区的软硬件设施，也可以定期开展一定规模的师生访学项目，让中西部和其他落后地区的学生在发达地区高职院校中享受充沛教育投入下的校舍与师资资源，让这批人力资源成为地方产业发展的中坚力量。

2. 夯实基础与差异化赋能的数字经济发展

更为易用的数字化工具降低了使用者之间的能力壁垒，为要素自由流向新主体、新业态创造了平等机会，因此有必要继续强化欠发达地区的数字基础设施。(1) 加强信息技术的普惠接入，以"强基础、补短板"提升工程加快偏远地区光缆铺设与宽带普及，改造提升传统网络荷载与速度，优化第四代移动网络（4G），扩大第五代移动网络（5G）项目，推动建设商业 IPv6 试点探索，以夯实"数字经济促进共同富裕"的技术与设施基础。(2) 因地制宜的实现当地产业与数字经济全面嫁接，针对兼有产业基础薄弱、自然风景秀美、环保压力艰巨的地区，可以借助数字技术挖掘旅游经济；通过与携程网、阿里巴巴等互联网公司合作，优化地理交通基础信息、视频监控影图、游客群体画像等数据融合，弥补欠发达地区公共服务能力短板，提高地区旅游资源的传播性与美誉度；在此基础上，以数字技术引致旅游服务相关产业集聚，创造更多的地区性就业岗位，改善人力资本劳动薪酬，提升居民富裕程度。针对老工业基地或落后产能集聚地区，培育涵盖企业、行业、区域多个级别的工业互联网平台，以"腾笼换鸟"的政策魄力，在"亩产论英雄"的绩效考核方式下，引导制造业围绕数字经济开展技术、业态、模式创新，以产业数字化转型打造中小微企业发展与竞争新优势，以更高的产品附加值提升一线从业者的劳动报酬。

3. 数字经济强化高职教育对共同富裕作用的政策路径

(1) 完善高职教育数字化转型的基础设施和技术标准。政府应支持教育数字化设施建设，保障学校师生访问互联网学习、工作与交流的稳定性；建议由地方政府主导建设集中式教育大数据中心，向职业院校提供全方位的数据直连云计算服务，以降低各类院校大数据技术使用门槛。(2) 推动教育数字资源均衡化供给。以数字技术赋能国家级职业教育智慧平台，实现技能培训、情景化教学等优质学习资源向全国适龄人群与劳动人口的无差别免费开放，针对欠发达地区开展贫困学生与低技能劳动者就业对接、电子商务培训与农业创新知识分享等服务，实现优质资源流向教育边际报酬更高的低经济水平地区。通过数字技术填补"教育信息鸿沟"，提升人力资源技能水平，引导满怀理想的各类人才反哺乡村建设，以满足当地经济发展需求并改善人民物质与精神生活水平。

第四章　浙江省"重要窗口"建设的教育实践

习近平总书记赋予浙江省"努力成为新时代全面展示中国特色社会主义制度优越性的重要窗口"的新定位、新目标与新要求,为统筹打好"两战"、实现"双赢"指明了方向。高等教育是重要的类型教育,是实现人的全面发展和幸福生活、实现经济社会高质量发展、实现全面小康社会和"两个一百年"奋斗目标的重要教育支撑,高等教育领域的高质量、高水平发展工作已成为"重要窗口"展示的有机组成部分。

浙江省根据经济社会发展需求,结合省域高等教育特点,适时制定并出台了《浙江省教育事业发展"十四五"规划》《浙江省企业新型学徒制工作实施方案》《浙江省产教融合"五个一批"工作方案》《浙江省深化产教融合推进职业教育高质量发展实施方案》《关于加快建设高水平本科教育的实施意见》《浙江省职业教育"十四五"发展规划》等一系列政策文件,为高等教育可持续发展提供了制度保障。浙江省通过强大的政策合力,从办学体制改革、质量评估监督、人才培养机制创新、专业设置调整等层面,加强对教育发展理念的指导,形成高等教育优先发展的社会共识,全面推进与保障高等教育高质量发展。浙江省在教育质量文化、产教融合的混合所有制人才培养模式、人才分类培养等方面取得的成绩与经验,为扎根中国大地办大学、扎实办好中国特色社会主义高校提供了"浙江样板"。

第一节 "重要窗口"建设之高等教育的质量文化

人才培养质量是职业教育发展的生命线，提升产教融合水平是发展现代职业教育的核心任务。在党的十九大报告中习近平总书记提出"完善职业教育培训体系，深化产教融合与校企合作"，这既是深化改革中国特色职业教育的现实要求，也是我国职业教育向世界提供的实践智慧和可行性方案。国务院颁布的《关于深化产教融合的若干意见》首次将产教融合定位为教育改革与人才资源开发的基本制度，这充分肯定了产教融合的重要意义。2014年教育部印发《现代职业教育体系建设规划（2014～2020年）》，提出要重点建设职业教育质量的保障体系，提升我国职业教育质量。2015年教育部颁布《关于深化职业教育教学改革全面提高人才培养质量的若干意见》，将提高人才培养质量、推进职业教育的内涵式发展作为重点任务。

国内外学者对产教融合开展了较为丰富的理论研究与实践探索，但主要集中于理念、政策、平台、机制、队伍等保障要素层面，鲜有将质量文化纳入产教融合的研究范畴。培养职业教育的质量文化有助于各参与主体和相关管理者形成精神层面的质量自律和质量追求的意识，也可以倒逼职业教育质量保障机制中制度层面、行为层面、物质层面的完善，对于提升产教融合质量具有显著的实践意义。因此，在高水平建设职业院校和高质量发展特色专业的背景下，质量文化亟待予以更多关注与思考。

一、产教融合的内在机理

产业和教育是产教融合的两个基本要素，产业是指各利益相关行业所共同构成的业态总称，此处的教育主要是以职业教育为代表的人才培养过程。在"企业与学校联合、生产与教育一体化"背景下的产教融合分别指向了以产业与教育表征的"产业系统"和"教育系统"。这两个系统虽然存在相互融合、相互促进的耦合关系，但在主体构成、发展目标、运行基础以及行动准则方面却存在显著差异。

(一) 产业系统的基本特征

1. 产业系统是以市场机制作为运行基础

市场机制常被比作一只"看不见的手"，是经济运行中形成的各环节与构成要素相互作用的制约关系以及各个要素相互联系形成的综合功能。产业的布局配置、结构变化、形态调整都基于"收益成本比"的考量，理性经济人的"利己性"使得自由参与经济活动的个体在实现最高收益的同时能以最低成本向社会提供服务或产品，因此市场机制逐渐占据产业系统资源配置的主导地位。

2. 产业系统是以盈利为发展目标

逐利是经济活动的最终目标，获取利润可以在实现资本获利的同时，为产业的良性发展提供保障。因为利润除了分配给产权所有人之外，还被用作扩大再生产的启动资金，经济利益常常被用来作为资金、劳动力、技术研发等生产要素的投资依据。而产业系统逐利方式包括扩大产量、提升产品溢价、降低单位成本等，由于所属周期与发展现状的差异，不同产业系统的逐利策略也会有差异。

3. 产业系统是以效率优先为行动准则

市场运行机制与盈利发展目标基本决定了产业系统须以效率为行动准则。效率是指经济活动中特定时间单元投入与产出的比率，提升效率需要持续更新产业系统内生产组织方式、组织架构、工艺技术等资源配置。福特公司1913年推出全球首条流水生产线是效率优先行动准则的最好诠释，通过简化"T"形车组装工序大幅度提高了企业生产效率，利润的增加使得福特有能力进一步降低汽车售价并提升工人工资，这些从某种意义上重塑了汽车制造产业。效率更新速度在一定程度上决定了整个产业的成败，而更新过程与结果很难完全兼顾市场经济中公平性与效益性问题，如果片面追求效率很可能产生市场投机、产能过剩等副作用。

4. 产业系统是以企业作为主体组织单元

所有权与经营权的分离为现代企业发展创造了契机,改革开放后国内市场经济尤其是民营企业如雨后春笋般蓬勃发展,企业在行业系统内占据主导地位。从生产组织看,企业是一种稳定的社会分工形式,类型差异化的企业组成了科层制体系的社会分工网络。从权责归属看,企业是一种特定的权力分配形式,是基于人力、资金、技术等各种要素长期契约而产生的社会经济组织,对外所有者拥有完整企业的财产权,对内维持着"领导"与"被领导"的人员权责关系。企业存在的重要意义是创造价值,通过生产富有使用价值的商品或劳务使企业扩大社会财富总量。现代企业经营活动集中体现了发展目标逐利化、运行基础市场化、行动准则效率化等产业系统的基本特征。

(二) 教育系统的基本特征

1. 教育系统是以政府主导作为运行基础

职业教育兼具生产力和上层建筑的双重职能与属性,这决定了作为公共行政机构的政府要在教育系统中发挥主导或者引导性作用。政府主导下的教育系统运行机制主要体现在三个方面:首先,政府通过在基础性教育资源配置中发挥主导作用,调节效率与公平之间的潜在冲突,维护公民接受教育的权利;其次,政府通过在各层次高等教育发展中发挥引导作用,推广公共性质公民教育;最后,教育系统的布局与培养质量关系到国家的人力资源储备安全,需要政府在关键领域发挥决定性作用,确保整体人力资源开发与社会经济发展目标的匹配。其中政府主导的方式包括资质管制、信息管制、价格管制与质量管制。需要指出的是,政府主导机制与教育适度市场化改革并行不悖,政府要同时扮演教育系统"掌舵者"与"划桨者"的双重身份。

2. 教育系统是以育人为发展目标

教育系统最基本的职能是育人。通过多层次和多类型的教育资源配置,教育系统力求为每个受教育者打造能力提升的平台。育人发展目标体现在两个方面:一是满足个人生存基本需求和社会交际需求,例如基本认知、社会礼仪等;二是实现受教育者的竞争力提升和进阶层次的发展需求,例如学习技能、获取学位、培养兴趣等。虽然教育系统内部分为营利性机构与公共性机构，但两者的核心目标与重要价值都是促进个体发展。

3. 教育系统是以公平为行动准则

在我国公民受教育权为基本人权。国家通过各类政策调控教育系统的资源时空配置，确保适龄学生可以依据个人条件和兴趣分流到普通教育和职业教育两个并行体系，为了提升教育选择的多样性，两类教育体系存在一套相互转换的机制。在校期间每位学生都享有法律赋予的同等受教育权利，也要履行相应义务。此外，政府和学校建立了教育系统内部多元化的公平保障机制，基于助学金、学业贷款、奖学金、助学兼职等政策为经济困难学生的公平教育权利提供必要的资金保障。

4. 教育系统是以学校作为主体组织单元

类型各异的学校是教育系统运行的主要实施机构，是教育系统中最重要、最基本的主体单元。知识结构复杂化、受教育人口激增、技术进步、产业发展等因素决定了学校对于现代教育系统的适用性，对各类资源加以整合的学校不仅可以有效提升教育效率，也能为教育管理提供较为完善的组织保障。此外，学校的发展常常受限于当地教育事业整体规划，师资招聘、员工晋升、薪酬制度等需要遵循相关规定。同时，学校的建立存在行政准入门槛，因此作为事业单位的公立学校仍占据国内教育体系的主体地位。

二、质量文化与产教融合的内在关系

（一）质量文化的概念内涵

随着现代工业文明的发展质量文化逐渐受到重视，20世纪80年代约瑟夫·朱兰首次提出"质量文化"的概念。广义的质量文化是个体或群体活动中与质量有关的行为模式、习惯和价值观的总和。质量对于教育系统尤其是学校管理具有重要意义，在欧洲大学联合会发布的"大学文化工程"中，质量文化是高校教育质量评价的核心指标。21世纪以来国内关于教育质量文化内涵的本土化研究与开拓性探索也逐渐丰富起来，周叶认为质量文化是在长期的经营过程中自发形成的与质量相关的价值观、意识和道德取向等内容。刘乐民指出质量文化是在物质文化基础上形成的质量意识、质量改进精神与质量规范等各种精神活动总和。

综合国内外学者的研究观点，本书将质量文化细分为精神层面（质量文化权威的维护、社会效益等）、制度层面（奖惩制度、法律法规、规范体系与标准化等）、行为层面（人力资源分配、科学技术应用、奖惩模式等）和物质层面（人力资源状况、技术水平等）四个部分。其中，行为层面和物质层面是质量文化的浅层内容，易觉察性较高；精神层面和制度层面属于质量文化深层内容，不易觉察。

（二）质量文化培育与产教融合的结构关系

随着市场经济发展与现代职业教育体系日趋完善，学校越来越关注职业教育与企业需求的契合问题。如何进行学生培养的供给侧结构性改革，全面提升培养质量，增强职业教育服务企业发展和社会进步的能力，成为产教融合相关研究的重点和难点。产教融合质量文化是指在职业教育的长期实践过程中，企业与学校主体自发形成的与教育质量提升相关的规章制度、价值观、道德规范等内容总和。质量文化培育与产教融合的内在关系同样体现在物质层面、行为层面、制度层面和精神层面，如图4.1所示。

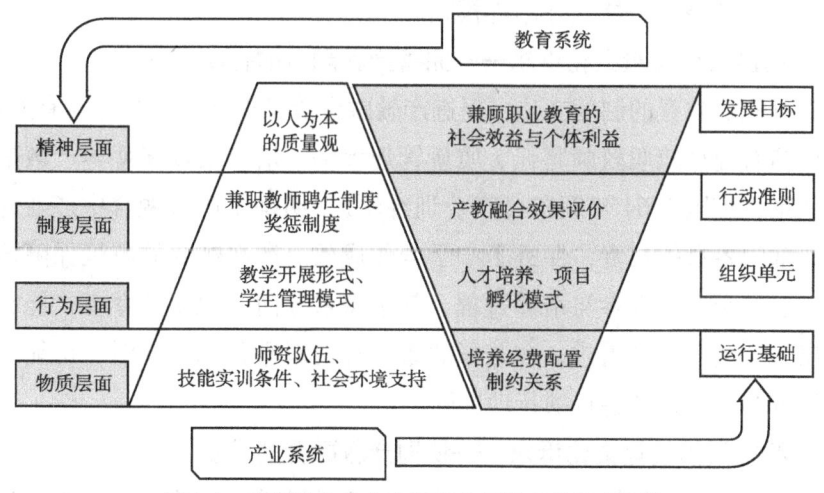

图 4.1　产教融合的内在机理与质量文化层次结构

1. 物质层面质量文化诉求——健全产教融合的运行基础

培育职业教育的物质文化,形成产教融合发展的外部支持环境。一方面,通过职业教育经费支持、产教融合实践教学平台、"双师型"师资队伍、社会环境软性支持等措施,为优化职业教育的行为层面、制度层面和精神层面质量文化奠定基础。另一方面,相关经费投入机制离不开政府统筹的制度保障以及市场与政府在经济社会运行和现代教育体系之间的积极配合,这也属于产教融合基本特征中运行基础的范畴。

2. 行为层面质量文化诉求——统筹产教融合的组织单元

培育职业教育的行为文化,营造各个主体积极加入产教融合人才培养的局面。具体内容包括教学开展形式、学生管理模式、领导决策行为、计划落实机制等。从组织主体来看,教学开展与学生管理皆离不开学校和企业,企业是市场体系中产业的表现形式和基本单元,各类学校是职业教育的核心主体,要强化两者的双主体地位,形成互补的资源配置合作机制,这是构建校企合作长效机制的关键,也是产教融合基本特征中组织单元的外在体现。例如深圳市通过制定多种配套政策积极支持学校与企业开展产学合作,华为公司与深圳职业技术学院深度合作,将在职工程师认证考试内容融入学校课程中,通过证书认证与课程开发的互促互进,构建"课证共生共长"的技术技能人才培养模式。

3. 制度层面质量文化诉求——完善产教融合的行动准则

培育职业教育的制度文化,促进产教融合质量提升的规范化与有效性。主要措施有健全兼职教师聘任、质量管理评估、培养绩效奖惩等产教融合制度体系,英国1964年颁布《产业训练法》,明确了产教融合中产业部门与教育部门各自的权责,促进了产学合作成效。产教融合的政策保障体系有助于引导企业深度参与培养过程,基于需求导向的职业教育模式能够确保输出人才契合社会需求。在兼顾效率与育人双重目标的同时,也能符合产业系统与教育系统各自的行动准则。

4. 精神层面质量文化诉求——协同产教融合的发展目标

培育职业教育的精神文化,引导社会各界形成关心教育质量的认知观念。包括以人为本的质量观、兼顾职业教育的社会效益与个体利益、良好工作作风等价值理念与自觉意识。这也是产教融合基本特征中产业系统与教育系统的发展目标。

(三) 质量文化培育与产教融合的逻辑关系

在职业教育内涵式发展的环境下，塑造与完善质量文化，对产教融合具有战略意义。

1. 质量文化是产教融合高质量发展的基础条件

文化犹如血脉，熔铸在群体文化的各个方面以及个体自我约束之中，引导或改变着个体的各类生活方式。作为一种强大且无形的文化力，质量文化有助于塑造高质量人才培养的行为方式和价值观念，是提升产教融合质量最稳定和最根本的方式。职业院校统一的质量文化理念，有助于推动"政—企—行—校"多元主体达成共识，为提高人才培养质量奠定基础。

2. 质量文化是实现产教融合特色化办学的核心要素

作为一个多维度教育概念，办学特色化要求职业学校遵循技能人才的培养逻辑与发展规律，基于产教融合的主线，彰显目标定位特色、地域文化特色、人才培养理念特色、师资队伍特色以及社会服务特色。山东商业职业学院在产学协同育人中融入鲁商文化元素，构建"鲁商文化浸润、课程同向引领、心灵能量滋养、服务学习导向、网络思政助航""五位一体"的商科人才培养体系，取得了良好的效果。质量文化特色有助于各个学校在产教融合实践中打造创新性元素与核心竞争力。

3. 质量文化是谋求产教融合"发展性"的重要内容

发展性既是产教融合目标也是质量文化过程，发展是培育质量文化与提高育人水平的价值所在，因此培育质量文化对于产教融合具有重要意义。高职学校要创新治理理念和体制，促使内外利益相关者的教育资源有机融合，并以此来提高产业系统与教育系统关系，为提高人才培养质量提供充实的内生动力。

三、浙江省产教融合质量文化的实践审思

近年来教育部陆续颁布了《关于深化产教融合的若干意见》《建设产教融合型企业实施办法》等重要文件，通过整理这些政策内容、辅以浙江省内"双高计划"院校的申报方案文本以及相关校领导、专任教师的公开访谈，本书进行了开放式、选择性、主轴的三层编码分析。研究结果主要有三点，一是随着我国职业教育扩招，产教融合与教育质量越来越得到社会与政府的关注。二是政府与学校在推进产教融合的过程中，教育系统与产业系统间的行业性、地域性差异塑造了各类高校的特色质量文化。三是产教融合在积累实践经验的同时也逐渐暴露出现实局限性。

（一）产教融合内在质量的实践

1. 政府与市场融合质量

经济运行中市场对于政府介入的顾虑主要围绕调控的广度和深度。以市场机制作为运行基础的产业系统遵循市场在资源配置的主导作用，教育系统与产业系统融合的方式、内容、载体、期限需要将市场反应作为基本参照。但产业在教育合作过程中同样会受到学校制度及教育部门的政策影响，政府调控在双方核心利益相关事项中的"越界"行为，例如违背市场机制强制产教双方合作，会使得以企业主体为代表的产业系统在产教融合中降低投入，从而导致校企合作出现"壁炉现象"。

2. 盈利与育人融合质量

以往政府主导、学校主推的产教融合项目多因两者组织性质和政策制约的问题，针对企业参与收益采取突出社会价值、适度淡化物质利益的策略，这就导致企业与学校主体存在精神层面质量文化偏差。尽管企业参与产教协同育人的重要因素是履行社会责任，但提升效益、扩大生产和获取利润最大化是其原生动力，让企业获益是实现产教融合持续发展最有效的保障。作为教育系统主体的学校虽然也会考量经济利益和社会利益，但与产业系统合作更多是看中了企业实际工作场景、学生就业机会和项目资源，职业院校的现

代学徒制和科研成果转化同样需要行业企业的深度合作。当企业短期利润的诉求与学校长期育人目标不一致时，利益错位便会对产教融合质量造成影响。

3. 效率与公平融合质量

基于积累原始资本与维持组织运转的考量，中小型企业更偏好短期盈利的项目，能够更快带来利润的产教融合项目会获得更多的资源投入。虽然这有利于增加社会整体财富，但学校在满足产业系统与企业自身经济利益的同时，也要兼顾机会公平的现实问题以及由此引发的效率与公平融合的质量偏差。这在产教融合的人才培养中体现得十分突出，如职业院校与企业合作培养学徒时，在起始阶段会设置一个学生筛选机制，确保入选学生的能力符合要求并且参与意愿强烈。因为校企合作处于试点阶段，大部分学生因无法通过考核而选择缺乏质量监督和保障的传统教学模式，部分资源短缺的学校甚至无法为所有学生提供技能实训场地。这种带有选拔性质的产教融合项目，容易造成产业系统的"资源孤岛"，产教融合产生的优质教育资源无法发挥溢出效应，这对教育系统和产业系统的协同发展造成了长远的潜在不利影响。

4. 企业与学校融合的质量偏差

企业的准入和退出机制比较灵活，各类企业在复杂耦合的生产分工体系中扮演着不同角色，通过差异化的产品或服务打造竞争优势。对于经营不善的企业可以通过破产机制实现资源重组。市场经济中的企业需要对股东、职工、消费者等利益相关者负责，对外企业自负盈亏，对内存在雇佣的经济依附关系。虽然现代企业开始向扁平化管理模式过渡，但是组织内部人员间的雇佣关系并没有实质性改变。各个学校的机构设置类似、管理模式单一，学校的全民教育和服务经济发展的属性决定了其准入和退出机制须由行政职能部门制定。因此，从质量文化行为层面来看，企业的组织结构、竞争压力、权力关系、市场环境与学校存在较大差异。

（二）产教融合质量的优化策略

为提升教育系统与产业系统的融合质量，浙江省将在产权保护、风险责任分担、点面合作与互利组织四个关键点上围绕运行基础、行动准则、发展目标和组织单元进行调整，整体优化策略如图4.2所示。

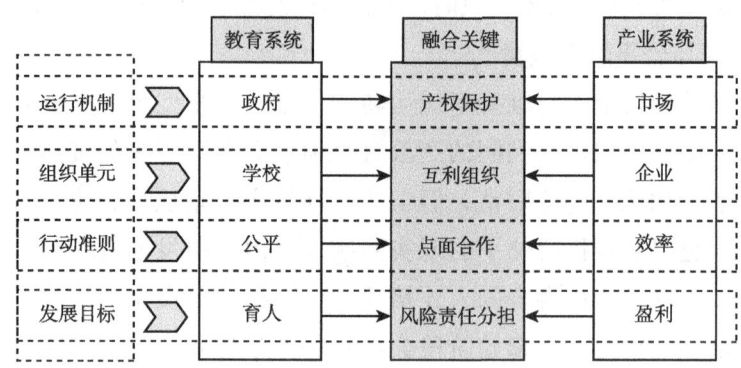

图4.2 浙江省产教融合的质量偏差及解决关键点

1. 界定并保护各参与主体的产权

产权视角下的市场经济交易本质为产权交易。由于资源禀赋差异与决策有限理性，市场资源占有者在分工与合作中开展商品、服务的产权交易，这类交易活动是产业系统追求效率、提升利润的原生动力，模糊的产权定义会导致政府与市场融合的质量偏差。政府应该明确界定产教融合中各类服务、商品、资源的权益，从政策、法律等质量文化的制度层面予以保护，这有助于提升产业系统对产教融合的参与积极性。同时应赋予学校在产教融合中的"准市场主体"地位，给予适度的产权保护，鼓励学校基于人力资源、知识资源优势与产业系统开展各类产权交易试点。政府主管部门要在总结实践经验的基础上构建和完善产权保护框架，从本质上促成教育系统与产业系统达成宏观和微观层面合作方案。

2. 建立产教融合的风险责任分担机制

产权保护制度的核心是维护双方主体的合法权益，而风险分担机制更加侧重对双方主体权利与义务的界定。缺乏有效风险分担机制的产教融合项目难以应对市场环境或政策制度变化带来的潜在风险和挑战。市场环境变化是产业系统面临的主要风险，如果产品、技术、运行组织方式无法继续适应新的市场需求，基于原有资源配置的合作模式会存在终止风险。教育系统的主要风险是政策制度变化，例如为了维护国家安全、师生合法权益或保护知识产权,教育系统主管部门可能会对产教融合制定严格的政策法规,原有的培养模式与合作内容存在被禁止的可能性。因此,产教融合双方主体需要事先商议这两类风险责任的承担机制,可以由政府先行制定风险责任框架,再由职业院校与企业协商制定详细明确的责任条款,这样有助于尊重学校办学自主权并激发产业系统的参与积极性,也是解决盈利与育人融合质量偏差的关键。

3. 实现"点面合作"的产教融合模式

产教融合现行主流模式是项目制,优势是可行性强、边界清晰、目的明确,这类"点对点"合作模式的缺陷在于受益范围小,很难带动系统级别的有效融合。产教协同育人应该建立校企点面合作模式,其执行逻辑为通过"点对点"的协同以实现"面对面"的系统融合,最终形成"以点带面"的运行效果。校企双方应该围绕产教融合具体项目实现小到要素级别、大到系统层面的合作,在满足产业对效率追求的同时实现更大范围的教育系统公平性。企业除了遴选学生进厂技能实训,还要系统参与学校人才培养方案制度与课程开发,在帮助企业招到更加符合条件准员工的同时,学校和教育系统也能从产教融合中实现整体受益,解决效率与公平融合的质量偏差。

4. 组建产教融合的"互利组织"

以行业协会、同业会和商会为典型代表的互利组织具有成员多元化、组织灵活化和信息缓冲化等特点。成立由政府主导的团体或个人会员构成的、实现特定利益目标的"互利组织",有助于在政府、企业和学校之间建立灵活的对话机制,打破组织性质差异引起的学校与企业合作障碍。各方应发挥自身资源优势,以更加多元、灵活的形式协调产教融合,既能解决企业与学校融合的质量偏差,又能促进教育教学与产业发展由协同与合作走向相互融合,为加快实体经济建设、人力资源协同发展与科学技术创新的提供有力支撑。

第二节 "重要窗口"建设之职业教育的产教融合探索

2002年《国务院关于大力推进职业教育改革与发展的决定》中首次提

出现代职业教育体系这一概念，为职业教育体系赋予了时代内涵；2005年《国务院关于大力发展职业教育的决定》首次提出要建设有中国特色的现代职业教育体系；2014年《关于加快发展现代职业教育的决定》中明确提出开展现代学徒制试点工作，着力构建现代学徒制培养体系。教育部先后在2015年、2017年和2018年分三个批次遴选确定了500余单位参与学徒制试点，并于2019年全面推进现代学徒制改革。在中央与地方各级政府的教育政策推动下，高校与企业都积极开展现代学徒制探索工作，高校按照职业技能要求建设实训实习场所，为了进一步解决专业设置与产业需求匹配度不高、专业链对产业链没有形成有效支撑等问题，国家发改委、教育部等8部门联合印发了《职业教育产教融合赋能提升行动实施方案（2023～2025年）》，支持产业园区和职业院校、普通高校合作举办混合所有制分校或产业学院，支持推进职业学校股份制、混合所有制改革，充分发挥企业在学徒培养过程中的重要作用。

现代学徒制是技能人才的培养模式，而混合所有制特征的二级学院是人才培养的载体。本节内容分为演化综述和比较分析两个部分，首先回顾国内混合所有制相关议题的研究文献、政策沿革与学校实践三部分内容，然后基于制度互补性理论解构浙江省现代学徒制的发展经验。

一、高职教育混合所有制的演化综述

"混合所有制"原为经济领域专业术语，是财产权从属于不同性质所有者的一种经济形式，描述了集体资本、国有资本、非公有资本等各类所有制资本融合与交叉的组织形态。党的十八届三中全会明确提出建立以公有制为主体、多种所有制经济共同发展的基本经济制度。随着社会主义市场体制发展，20世纪90年代后期混合所有制理论开始应用于职业教育领域，并从职业院校自发探索逐步走向国家政策鼓励支持。2014年出台的《国务院关于加快发展现代职业教育的决定》首次以政府文件的形式正式将"股份制"与"混合所有制"两个经济学术语引入职业教育领域，提出探索发展混合所有制、股份制职业院校，允许以技术、资本、管理、知识等要素参与职业教育办学并享有相应权利；2022年5月1日起施行的新修订《中华人民共和国职业教育法》第一次明确提出企业是职业教育的重要办学主体，鼓励企业举办并参与高质量职业教育。

推动混合所有制职业教育办学，是所有制改革从经济领域辐射至社会领域的体现，亦是社会主义经济制度引领职业教育领域的实现形式。目前高职教育混合所有制的研究现状较为复杂，一方面是文献数量日益增多，但在分析方法与政策建议层面存在同质化问题，相互之间缺乏学术印证与对话机制；另一方面是缺乏综述类论文，已有文献采用观点罗列的呈现形式缺乏逻辑主线，应构建系统性的逻辑框架对已有成果进行阶段性评述。本书的理论价值和创新点体现在三个方面：第一，用"议题驱动法"陈述高职教育混合所有制相关研究内容，主要从"诞生与发展""定义与内涵（是什么）""必要性与意义（为什么）""办学模式与实现路径（怎么做）""办学主体（由谁来做）"五个方面将各类文献以及同一文章内部的不同内容拆解为彼此独立的议题，以厘清混合所有制在职业教育领域的发展脉络与理论成果；第二，采用"述评结合"的行文结构，除保留独立的文献总评外，在每个议题叙述的内容单元中实时简评，以身临其境、及时准确地定性研究价值；第三，扩展文献范围，检索内容囊括教育法规条文、书籍、期刊、报纸和硕士博士毕业论文，在平衡内容完整性与凝练度的基础上，以期全面呈现我国近30年高职教育混合所有制的发展全貌。

（一）高职教育混合所有制的发展

混合所有制办学是新常态背景下职业教育领域的理论创新和实践探索，也契合了职业教育环境下的高质量发展。分别以"混合所有制"＋"职业教育"和"混合所有制"＋"高等职业教育（或高职）"作为关键词在知网进行跨库检索，比对篇名与摘要删除不同关键词得到重复文本，最后确定2014年至2021年发表论文分别为407篇（其中教育类期刊297篇，博士或硕士相关论文5篇）和326篇（其中教育类期刊275篇，博士或硕士相关论文14篇），如表4.1所示。相关学术论文主要发表于《中国职业技术教育》《职业技术教育》《职业教育研究》《教育与职业》以及院校学报、报纸等期刊。

表4.1　　　　2010～2021年混合所有制职业教育的文献统计　　　（单位：篇）

年份	2013之前	2014	2015	2016	2017	2018	2019	2020	2021
"混合所有制+职业教育"	2	11	23	3	56	87	83	77	65
"混合所有制+高职"	0	3	12	24	27	75	72	61	52

资料来源：根据中国知网（CNKI）检索数据整理所得。

图4.3展示的是我国"混合所有制办学"研究的关键词共享网络，圆圈面积与图谱中节点大小正相关，圆圈小表示该词出现频率低、研究热度低。结合排名前25的高频关键词（见图4.4），发现高职教育是混合所有制改革的主战场，相关研究内容集中于"定义与内涵""必要性与意义"

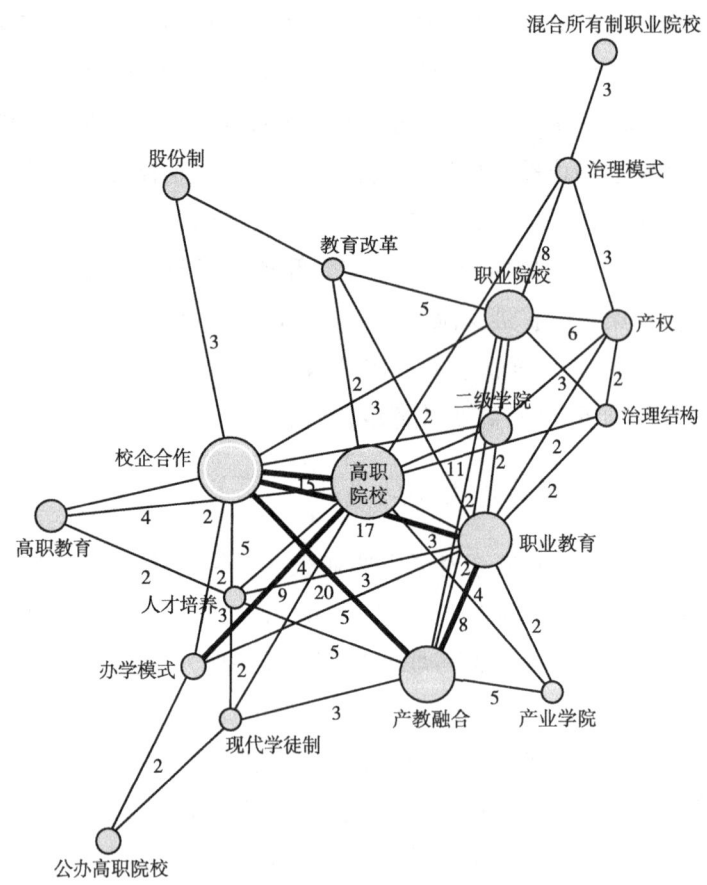

图4.3　混合所有制研究关键词共享网络

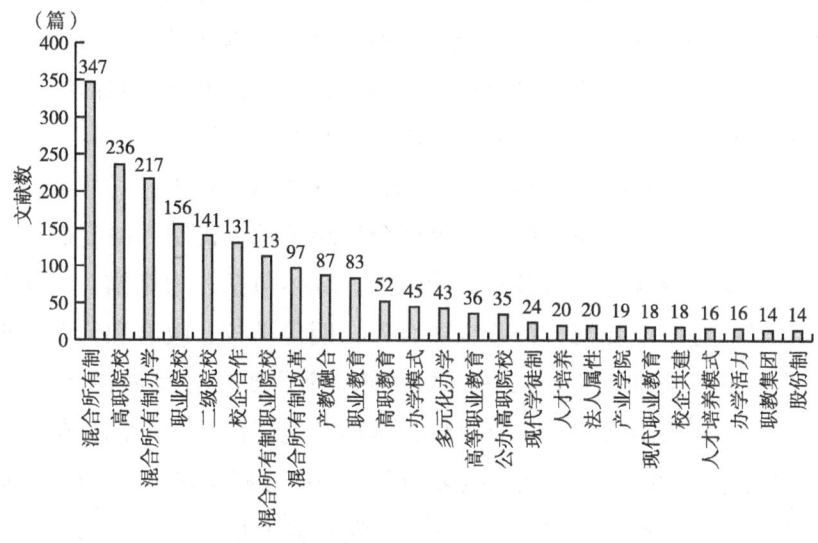

图 4.4 混合所有制高频关键词（TOP25）

"办学模式与实现路径"以及"办学主体分析"等议题。具体而言，国内高职教育混合所有制的政策实施、理论研究与职业院校实践分为萌芽阶段、成长阶段与繁衍阶段三个时期。

1. 萌芽阶段

我国职业院校混合所有制的自发实践起步于 20 世纪 90 年代后期，当时市场经济活跃地区的教育领域就已显现出"股份制"萌芽。浙江省台州市椒江区的书生中学是业内公认的"教育股份制"发端，1996 年市教育局邀请当地 32 个企事业单位和个人集资入股，共同组建成立书生教育事业有限公司，次年创建书生中学。国内高等职业教育"混合所有制"第一个吃螃蟹的是苏州工业园区职业技术学院，2000 年 1 月 10 日苏州市劳动局、苏州市教育局、苏州光华集团参与投资，学院形成多元化产权结构，为分离与制衡决策权、举办权、监督权、管理权设立了股东会、董事会、监事会，并外聘职业校长，其中校董事会成员涵盖了市教育局、国内外知名高校、市劳动和社会保障局、行业领军企业以及园区管委会等相关主体，如表 4.2 所示。

2010 年以来国务院出台了多项政策鼓励社会各类资本参与教育办学。

2010年7月，中共中央、国务院颁布《国家中长期教育改革和发展规划纲要（2010～2020年）》指出要深化办学体制改革，坚持教育公益性原则，积极鼓励行业、企业等社会力量参与公办学校办学，形成以政府办学为主体、全社会积极参与、公办和民办教育共同发展新格局。2010年9月，教育部《国家高等职业教育发展规划（2011～2015年）》中针对职业教育中存在的"高职院校办学模式单一、校企合作缺乏长效机制和制度保障"等问题，提出探索混合所有制多元办学模式。具体包括三大举措，一是各地要积极推动高等职业院校与行业企业合作，明确学校、政府和行业企业在校企合作中的权益和职责；二是地方政府和企业要各自发挥在经费筹措、先进技术应用、吸纳就业、产业规划和实训基地建设等方面的优势，鼓励合作共建高等职业院校；三是探索多种形式的高等职业院校决策议事制度，形成利益相关方合作育人的长效机制，增强办学活力。

2. 成长阶段

2014年以来，高职教育混合所有制相关法规与规划的制定由国务院主导转向多部门联合、各地因城施策，政策内容由总括性的"发展原则与模式"具体至"建立教师年金制度、探索股权激励机制、优化财政与税费"等支持性措施，政策重心的变化推动了职教混改由"自发探索"向"自觉自为"的转变。

（1）政策沿革。2014年5月颁布的《国务院关于加快发展现代职业教育的决定》指出要发展混合所有制、股份制职业院校，引导支持社会力量兴办职业教育，允许以资本、技术、管理、知识等要素参与办学并享有相应权利；2015年6月16日，教育部、扶贫办等六部门制定《现代职业教育体系建设规划（2014～2020年）》提出开展社会力量参与公办职业院校改革，建立混合所有制职业院校试点；2015年10月，教育部发布《高等职业教育创新发展行动计划（2015～2018）》指出以混合所有制办学作为激活办学活力的举措，试点社会力量通过政府委托管理、购买服务等方式参与公办高等职业院校改革，鼓励公办高等职业院校与企业合作举办具有混合所有制特征的二级学院；2016年12月印发的《国务院关于鼓励社会力量兴办教育促进民办教育健康发展的若干意见》中提出要开展多元主体合作办学，推广政府与社会资本合作（PPP）模式，探索高职教育混合所有制。

（2）理论研究。国家文件正式提出"混合所有制"和"股份制"概念后，理论研究如雨后春笋般萌发，相关文献以概念分解、政策文本分析、必要性与可行性探讨等基础性研究为主。杨生文（2014）直言迎接职业教育的春天，王兴安（2014）对混合所有制职业院校的含义、基本特征与价值进行分析，周俊（2014）讨论了混合所有制职业院校的必要性、可行性与办学注意事项。以2016年10月国内21个省承接"开展建设混合所有制高等职业院校的理论与实践"课题研究为契机，职业教育混合所有制办学相关文献在数量和质量方面均显著提升。熊惠平（2016）阐述高等职业教育PPP模式的内涵、特征和产权设计，俞林、周桂瑾（2017）分析了我国职业教育混合所有制的基本模式与样态，探究办学管理的对策建议。

（3）职业院校实践。《高等职业教育创新发展行动计划（2015～2018年）》中有22个省（市、区）提出"混合所有制"相关承接项目，参与实施的全国性试点地区共有17个、企业8家、高职院校100所以及行业牵头单位11个，表4.2列示了国内混合所有制办学的典型代表。苏州工业园区职业技术学院是高校法人层面整建制的"大混合"，而浙江金融职业学院德清学院二级学院的法人层面混合所有制办学通常被称作"小混合"。据浙江日报和德清县人民政府官网报道，2015年7月15日德清县人民政府、浙江金融职业学院、浙江省农信联社签订合作协定，成立浙江金融职业学院德清学院，三者持股比例分别为29%、51%和20%。出资义务中浙江金融职业学院提供高职阶段办学所需的师资、场地及管理，指导中职阶段和中高职衔接期间学生的教学活动；浙江省德清县人民政府负责规划与落实德清县职业中等专业学校的办学场地与校内实训基地，并负责招募各类教职工；浙江省农村信用合作社与学校共建师资队伍，共同制定人才培养方案，并为学生提供实训场地与就业岗位。

3. 繁衍阶段

2017年以来，各地突出"组合式"引导激励措施，推动企业和社会力量将高职教育混合所有制由"探索发展"推进到"鼓励发展"的新阶段。

（1）政策沿革。2017年12月,《国务院办公厅关于深化产教融合的若干意见》提出深化"引企入教"改革，鼓励企业以合作、独资、合资等方式举办职业教育，深度参与学校教育教学改革。2019年1月24日，国务院印发的《国家职业教育改革实施方案》中指出，要鼓励发展股份制、混合所有制等职业院校，职业教育经过5～10年基本完成由政府举办为主向政府统筹管理、社会多元办学的格局转变。2022年4月20日，第十三届全国人大常务委员会第三十四次会议表决通过了新修订的《中华人民共和国职业教育法》（以下简称《职教法》），这是职业教育法近26年来的首次大修，共有三处内容与混合所有制相关。在"总则"中鼓励发展多种层次和形式的职业教育，推进多元办学，支持社会力量广泛、平等参与职业教育；在"职业教育的实施"中提出对深度参与产教融合、校企合作的企业，给予财政、金融、土地等支持及其他税费优惠；在"职业教育的保障"中鼓励通过多种渠道筹集职业教育资金。新《职教法》第一次明确了企业是职业教育的重要办学主体，有助于改变企业参与办学积极性不高、企业与职业教育需求脱节的状况。支持性文件的密集出台彰显出政府推动职业教育改革的急切愿望，但政策供给不足依然是职业教育发展的重要瓶颈。据不完全统计，在国家"鼓励有条件地区开展混合所有制改革、职业学校股份制"的政策指引下，2014年以来浙江省、山东省等20多个省份在政府工作文件中提出要积极探索高职教育混合所有制。

（2）理论研究。高职教育混合所有制是宏观制度引导与微观主体动机之间相互作用的结果，虽然职业院校与社会各界参与合作办学的案例不断涌现，但发展势头并不及预期。国内职业院校混合所有制改革中存在"非公即私"思维理念固化、理论研究薄弱的深层次问题，产权保护不到位、资产评估困难、办学政策"条块不全"、创新困难等现实困境仍然存在。

学者对职教混改的徘徊与缓慢前行现状进行了探究，认为混合所有制是我国职业教育校企合作的创新组织形式，中央与地方政府、高职院校、企业是办学改革的核心行为主体。新制度主义分析范式认为环境约束与政策供给失衡致使中央政府采取渐进式策略和趋同式组织方式，委托代理制度与"诺斯悖论"下的地方政府基于利益考量而采取严格的风险规避与成本控制策略，压力型考核制度与校企价值冲突使得高职院校采取变通策略并倾向于求稳心态，"非完全契约"制度下企业展现出投资犹疑与投机行为，这些因素综合作用导致了混合所有制职业教育的诸多现实困境。

（3）职业院校实践。2018 年 10 月新疆轻工职业技术学院华晟经世 ICT 学院、新疆农业职业技术学院移动信息学校等 13 个项目开展二级学院层面的"小混合"职业学校混合所有制试点；2019 年 8 月河北工业职业技术学院互联网学院、石家庄铁路职业技术学院康旅产业学院、衡水职业技术学院交通运输学院 3 个二级学院开展"小混合"职业教育股份制改革试点；2020 年 9 月 25 日潍坊滨海开发区管委会、山东水利发展集团有限公司与潍坊市教育投资集团有限公司签署《关于联合举办山东化工职业学院创新公办高职院校混合所有制办学体制的协议》，标志着我国首个整建制"大混合"所有制改革的公办高职院校正式成立，据齐鲁晚报和学校官网的信息显示，潍坊滨海开发区管委会拨付建设用地，山东水利发展集团有限公司与潍坊市教育投资集团提供建设资金，三者持股比例分别为 41%、49% 和 10%，如表 4.2 所示。

表 4.2　　国内职业教育领域混合所有制办学的典型案例

混合所有制类别	运作出资模式	典型代表院校	组织架构
大混合	PPP 共资共建	苏州工业园区职业技术学院	股份制运作，上海翔宇教育集团占股 40%、光华控股占股 30%、苏州光华教育投资公司与学校管理团队各占股 10%、苏州沸点教育咨询管理有限公司占股 9%、苏州市劳动和社会保障局与市教育局各占股 1%
		山东化工职业学院	潍坊市滨海开发区管委会占股 41%、山东水利发展集团公司占股 49%、潍坊市教育投资集团公司占股 10%（预设）
		哈尔滨市职业技术学院	政府划拨土地 57 万平方米，投入 6 亿元资金，引导学院与社会资本合作共建哈尔滨职业教育园区

续表

混合所有制类别	运作出资模式	典型代表院校	组织架构
大混合	民办公助	南通理工学院（原紫琅职业技术学院）	获批为民办事业单位法人，引入江苏省教育发展投资中心1000万元国有资本，占股5%，成为有国资参与的混合所有制学校
		齐齐哈尔工程学院（原齐齐哈尔职业学院）	政府委托黑龙江东亚大学（民办）组建教育集团，盘活5000万元教育资源。经评估集体资产占65.42%，国有资产占33.96%，教职工个人资产占0.62%
	教职工持股计划	海口经济学院	400名教职工持有举办方海南赛伯乐教育集团的股份，评选50名业绩突出的中青年教育工作者，每人奖励10万元特别股权
小混合	校企共资共建	浙江经济职业技术学院长乐学院	浙江物产中大长乐投资有限公司
		浙江经贸职业技术学院兴合学院、联华学院、阿拉丁学院	兴合集团、联华华商集团、阿拉丁信息科技股份有限公司
		台州职业技术学院笛威金桥汽车学院	珠海笛威欧亚汽车技术有限公司、台州金桥汽车服务有限公司
	PPP共资共建	浙江金融职业技术学院德清学院	德清县人民政府、浙江省信用联社
		温州职业技术学院瑞安学院	瑞安市政府、瑞丽集团
		杭州职业技术学院杭州动漫游戏学院	杭州市政府、浙江省游戏行业协会、杭州翻翻动漫科技有限公司
		浙江工商职业技术学院慈溪学院	慈溪市政府、慈溪行业企业
大混套小混	PPP共资共建	山东海事职业学院（学校"大混"）	潍坊市政府投入536万元，国信教育投资公司代表市政府占股1.47%，三家企业共出资3.6亿元，分别占股67.79%、15.37%、15.37%
	公办民助	山东海事职业学院（二级学院"小混"）	引进社会资本9300万元，通过资本、师资、课程、文化的融合与企业共建3个混合所有制二级学院和2个公共实训基地

资料来源：根据中国知网（CNKI）检索、高职院校官网、各地教育类新闻整理所得。

(二) 高职教育混合所有制的概念

高职教育混合所有制亦称混合所有制高职院校办学，是由国有资本、集体资本、非公有资本等多元化产权主体交叉投资举办的职业院校或其他办学机构。其基本特征为资本要素融合化、运行机制市场化、产权结构多元化、治理结构多样化和运行机制灵活化。在相关政府文件颁布前，国内学者便开始了混合所有制教育模式的早期理论探索。

高职教育混合所有制作为一个新鲜事物，其概念内涵从本质属性角度来看体现为民办制、经济性与公益性三方面。首先，多元化产权主体参与的办学过程中一般采用董事会或理事会领导下的校长负责制，企业化运行体现了职教混改中类似于民办高校的治理属性；其次，高职教育混合所有制依赖于国有、民营、外资等各种类型的资本投入，投资主体追求兼具效益与效率的双重性，即办学效益的经济属性；最后，高职教育混合所有制以培养社会需要的人才为根本任务，体现了其公益属性。

关于高职教育混合所有制的概念外延，基于制度经济学分为宏观、中观和微观三个层面的多元化投资主体与不同所有制资本相互融合。微观的高职教育混合所有制认为合作办学必须是公有资本与非公有资本的融合，不涉及非公有资本或公有资本之间的融合；中观层面将国有资本与集体资本的融合也纳入混合所有制办学的概念外延中；宏观的高职教育混合所有制包含各类属性资本之间的合作，既包括公有资本与非公有资本、国有资本与集体资本的融合，也包括不同属性国有资本、集体资本、非公资本之间的融合，将民办公助、独立学院办学形式、委托管理、PPP（公私伙伴关系）合作都等同于混合所有制。如表4.3所示。如果说微观层面混合所有制是举办与管理职业教育的具体途径和方式，属于办学形式的范畴；那么从宏观层面看，混合所有制办学是国家对教育机构产权主体资质与教学过程的制度安排，属于办学体制的范畴。

表4.3　　　　　　　　高职教育混合所有制的概念内涵

研究视域		混合形态	资本形态	实现样态	
				内在治理结构	外在办学形式
宏观	中观 微观	国有资本+非公有资本	资金、技术、管理、人力资源、设备设施、土地等	股份制、合作制、中外合资、联合体等	学校整建制"大混合"、二级学院"小混合"、产业学院等
		集体资本+非公有资本			
		国有资本+集体资本+非公有资本			
		国有资本+集体资本			
		不同属性国有资本之间			
		不同属性集体资本之间			
		不同属性非公有资本之间			

基于学术界的基本理论共识，本书提出相关概念界定。高职教育混合所有制是由两个以上不同性质产权主体以资本、设备、人员、场地等有形或无形资产"入股"，以校企合作为基本前提，以人才培养为根本任务，以"三权分置"为治理创新，以深化产教融合与利益相关者合作共赢为最终目的举办的职业院校或其他办学机构，产业学院、订单制、产教融合工程、现代学徒制与企业新型学徒制皆属于混合所有制办学模式。

(三) 高职教育混合所有制的必要性

《国家职业教育改革实施方案》中明确提出职业教育与普通教育虽然是两种不同教育类型，但具有同等重要地位。但现行职业教育体系中单一所有制的公办或民办院校均存在各自的问题，其中公办职业院校虽然有国家财政支持，能够享受各项国家优惠政策，但管理的行政化倾向压制了办学活力。民办职业院校虽然办学灵活性和自主性强，能更好适应市场化需求，但社会认可度不高、师资队伍不稳定、生源危机突出。因此，混合所有制办学对于我国职业教育高质量发展具有重要的现实意义，有助于解决公办、民办职业院校的发展困境。具体而言，发展高职教育混合所有制有四方面的积极意义。

1. 缓解资金困境

职业教育在学生技能训练、实训基地建设方面的生均经费应高于同级普通教育的 2~3 倍，但国内办学实践中政府对于职业教育的资金与资源投入程度远不及普通教育，高职院校办学常常存在资源短缺的现实困难。国家以财政拨款方式支持公办院校，其资本来源为公有资本，公司或个人以投资方式开设民办院校，其资本来源是私有或外资资本。公办院校虽然有政府财政支持，但相对单一的投入结构难以雨露均沾，部分专业和项目仍存在经费缺口，民办院校更是常常因政策歧视而面临办学资金筹措难题。混合所有制通过产权主体多元化实现了资本来源多元化，高职院校的所有权由集中走向分散为市场化融资创造了条件，公有资本、私有资本和外资资本都能够参与混合所有制办学，在帮助高职院校充分利用市场渠道获取资源的同时，也可在一定程度上减轻国家的财政负担。

2. 激发办学活力

激发办学活力主要体现在学校、教职工和企业三个维度。首先，混合所有制的产出效能更能激发企业参与度，基于历史数据预测国内教育服务市场规模将达到 3000 亿元，艾媒咨询机构的推算数据显示，2021 年我国职业教育市场规模将达 2310.451 亿元，这对于以盈利为目的的企业具有显而易见的吸引力。混合所有制承认各主体的办学地位，明晰的产权制度能够有效排除产业集群外其他主体的"搭便车"行为，保护举办或参与职业教育的企业获得办学现实收益。此外，企业成为学校内部股东后，出资由原来分外职责变为分内义务，同时通过现代学徒制、订单培养等形式降低"准员工"的招聘与培养成本，可以实现远期潜在权益。其次，混合所有制的办学结果更能激发学校参与度，公有资本资源丰富、保障健全、管理规范，非公企业资本注重效益、管理灵活、运行高效，产权主体多元化有助于充分利用各方优势，发挥"1+1>2"的耦合作用，在缓解学校教育经费压力的同时，有效解决校企合作实施中产学脱节的瓶颈，提升高职院校人才培养水平与就业质量。最后，混合所有制的管理制度更能激发教职工参与度，一方面邀请企业管理层、优秀一线从业者及特殊高技能人才参与课程建设和模块化分工协作教学，倒逼教职工薪酬体系创新；另一方面混合所有制改革中注重各方的参与程度，教职员工通过投资入股完成雇员到股东的转变，劳动者与资本所有者双重身份配以市场化绩效工资制度，有助于塑造高职学院双师型师资队伍的主人翁意识,提高教学效率。

3. 创新现代办学体制

高职院校的资本来源单一化导致所有者单一,公办职业院校出资者和管理者都是政府,部分院校缺乏充分办学的自主权致使内部行政权力失衡问题突出;民办院校出资者为了规避《中华人民共和国教育法》等法律法规约束,通常依靠"家族化管理"的控制权来实现自身利益,传统高职院校治理结构亟须调整。混合所有制办学的出现,有效地促进了办学体制改革,实现了市场资源配置驱动职业院校治理。首先,专业设置市场化。混合所有制职业院校的专业设置除了受行业发展、技术进化、区域经济、社会分工等因素影响外,股东的产业属性也是关键因素,例如杭州动漫游戏学院的出资方为杭州市政府、浙江省游戏行业协会与杭州翻翻动漫科技有限公司,学院的专业设置依托杭州翻翻动漫科技有限公司,聚焦于动漫、游戏行业。其次,高管市场化。将高校党委领导下的校长负责制与股份制企业的董事会制有机结合,实行"党委领导,董事会监督,校长负责"的治理模式。通过建立学校股东会、董事会、监事会等权力机构以及学校法人治理机制,打破"一元化"与"官僚化"的治理方式。投资办学是民办教育的基本特征,无论是学校层面的"大混合"改革,还是二级学院层面的"小混合"改革,都实现了学校产权多元化、资本来源多样化的转变。构建兼容、优势互补、富有效率的现代办学体制为职业院校面向市场办学奠定了内部治理的基础。

4. 深化产教融合

国外高校实践经验表明,现代企业承担办学主体责任是职业教育走向成功的必要因素。改革开放前,国有企业深度参与了职业教育办学,这与计划经济体制相适应,但随着现代企业制度的建立与市场经济的发展,非公有制经济已成长为数量最多、比例最大的企业群体,治理结构决定了对民营企业使用行政命令干预过多反而会产生办学效率降低、参与企业"心有余悸"而退却的副作用。可预见的营利性是企业相关决策中需要考量的主要因素,尽管高职教育市场前景广阔,但教育是典型的长线投资领域,短期效益的转化存在不确定性;我国劳动力市场的高流动性和岗位需求的相对饱和性亦给各类企业参与职业教育办学的积极性带来了"釜底抽薪"的风险。因此，在没有清晰的政策、法规制度保障的前提下，国有企业尤其是民营企业，对于各种形式的校企合作实习项目普遍缺乏积极性。混合所有制办学关注人才需求与人才培养的无缝链接，倡导企业文化与校园文化的有效融合，发展高职教育混合所有制，有助于提升学校的人才培养质量，满足社会对高素质技能型人才的需求，通过优势互补实现参与方的"多赢"局面，激发校企合作、产教融合的混合所有制办学意愿。

（四）浙江省高职教育混合所有制的办学样态与现实困境

1. 混合所有制在教育改革中的实现形式

职业院校治理依据主体、方式、内容的不同分为内部与外部治理，外部治理是职业院校与政府、社会组织、市场之间关系的机制，内部治理是学校内部各类主体之间在教学管理与利益分配等方面规则的合集，办学样态、实现形式等皆属于职业院校内部治理的内容范畴。

混合所有制改革相关文献集中于对学校内部治理的分析，归纳总结了6种办学模式和8种实现形式。对于国内高职院校在混合所有制实践中因地制宜的差异化办学模式或实现形式，可以从三个维度进行分类理解。第一，基于混合办学范围可以分为"小混合"与"大混合"，"小混合"则是学校内部教学机构或项目的混合，包括在二级学院、研发中心、实训基地中的混合，例如浙江经贸职业技术学院与当地企业试点混合所有制产业学院；"大混合"是学校法人层面的混合，各类所有制资本出资共同举办职业院校。第二，依据初始状态将混合分为"原发式混合"和"后发式混合"。"原发型混合"是混合所有制办学之初就由不同投资主体参与，例如浙江经济职业技术学院长乐学院；"后发型混合"则是投资主体单一的公办或民办职业院校，办学过程逐步引入社会资源后完成了混合所有制改革。第三，依据涉及实质性产权程度，分为以委托管理PPP模式共建为代表的不涉及产权性质"泛混合形态"，例如以中外合作办学为代表的半产权性质"类混合形态"，以独立学院、股份制教育公司为代表的涉及实质性产权"真混合形态"。依据各类所有制企业的持股与决策权差异，分为公有制主导和非公有制主导的高职教育混合所有制。

2. 混合所有制在教育改革中的运行掣肘

混合所有制办学模式设立的初衷是为了加强对产教融合中各参与主体的利益保障，但实践中存在办学性质、治理体系与产权归属三大问题，部分地区出现了"不懂混""不愿混""不能混""不易混"现象。

基于办学主体视角，学校、政府、企业的核心利益差异化致使各方为利"混合"而不愿实质性重组，公立高职院校希望保持学校性质、教师福利、招生政策不变，民办高职院校的投资方担心混合后失去话语权而无法保障合法权益，政府关注合作办学中的国有资产流失问题，行业企业担心办学收益的非预期性降低。基于运行机制视角，各参与主体对治理结构缺乏系统性考虑，对于理顺职业院校党委与董事会关系、协调办学主导权等基本问题的思路不甚清晰。基于法律法规视角，浙江省的办学指导意见中对混合所有制职业院校、二级学院是否登记为营利性法人进行了说明，但地方政策实践仍缺乏法律法规的佐证与支持，且此类办学机构的法人地位在转让、合并和退出等方面缺乏确定性的产权评估依据。因价值诉求不统一而不想混合、因理论滞后而不懂混合、因产权模糊而不易混合，这些因素延缓了高职教育混合所有制改革的进程。

（五）结论与展望

1. 高职教育混合所有制的研究隐忧

混合所有制高职教育系统性研究始于2014年，发展至今形成了大量文献成果，但结论先行、宏观理论积淀欠缺、办学实践不足的基础性问题导致分析过程大多浮于表层，相关学理研究与实际探索难以形成有效衔接。

（1）基础性理论积淀不够，导致混合所有制相关研究似"无源之水"。高职教育混合所有制是新型的教育组织形态，相关研究仍处在早期阶段，教育界、学术界对于产权界定、法人分类、收益分配规范、治理体系构建、资本进入与退出机制等一系列基本问题的认识存在分歧。究其原因，所有制基础经济理论供给滞后，高职教育的混合所有制办学借鉴了经济领域的混合所有制改革。改革开放以来，国有企业开展了轰轰烈烈的产权改革实践，积极寻求提升经济活力的有效方案，但产权、法人属性等相关基础性研究却出现了滞后脱节，经济领域的混合所有制改革缺乏系统性理论支撑，导致"后来者"的高职教育混合所有制缺乏源头理论支撑。基础理论供给迟滞导致思想认识上的偏差与疑惑，部分学者对经济领域的所有制改革缺乏正确把握，对国家"发展混合所有制、股份制职业教育""允许以资本、技术、管理、知识等要素参与职业教育办学并依法享有相应权利"等政策精神的理解存在偏差，故把国企改革中针对"竞争性产品"的术语简单嫁接到职业教育领域，笼统性建议高职教育面向市场办学，减少政府对教育资源的行政性配置，降低或停止政府财政拨款，甚至重拾遭到诟病的"教育产业化"概念。

（2）结论先行的研究导向，导致混合所有制理论层面"一厢情愿"。混合所有制已经成为中国社会主义市场经济体制的根基，其战略开拓意义不言自明。职业教育相关改革受诸多条件限制，部分地区、院校在实践环节出现了职业教育供给的经济性与公益性"博弈"，混合所有制院校市场化运作与行政管理"冲突"等各种问题。即便如此，职业教育从业者、公办和民办院校都表现出对混合所有制办学的强烈兴趣，其中既有对解决各类人才培养问题的憧憬，也有对现行校企合作模式的路径依赖。大多数国内学者先入为主地将混合所有制改革定义为高职教育提升校企合作、激发办学活力的终极解决方案，这种对"混合所有制"的内涵定义、实施条件缺乏推敲，聚焦于学校价值而忽视企业收益的系统性论证，是一种理论研究的懒惰行为。如果对企业参与意愿与价值缺乏深入研究，便会导致混合所有制办学陷入"一厢情愿的怪圈"，难以为实践提供严谨的理论支撑。

（3）办学试点不足，导致混合所有制相关研究似"无绳之筝"。混合所有制办学中理论研究与实践紧密联系，缺乏实践检验的理论研究只能停留在"纸上谈兵"。虽然占职业教育主体的公办院校有参与意愿和想法，但校企双方利益平衡偏差以及激励政策滞后，导致合作办学的层次和规模不高，现阶段高职领域的混合所有制改革只能称为有限推行，相关谋划与试点主要围绕二级学院和产业学院的"小混合"，鲜见学校法人层面整建制的"大混合"案例。同时，现有办学实践中虽然在院校名称、出资比例、合作产业、师资比例和人才培养方案等方面作出了差异化设置，但对产权界定、法人地位、收益分配等核心议题并未作出开拓性创新。我国改革开放四十多年的成功经验多是事先局部试点，进而在总结实践经验教训的基础上逐步推广，而高职教育混合所有制的试点不充分与实践内核同质化降低了样本丰度，造成个案研究盛行，实证研究缺少使用场景，综合作用下的政策建议显得"言之无物"。

2. 浙江省高职教育混合所有制的实践前景

混合所有制是职业教育改革的重要战略，现阶段国内尚未形成可复制性强、制度健全、机制完善的合作办学模式。亟须研究如何在利益共享导向下建立可持续发展的资源循环通道，形成要素供给方、资源支撑方、项目需求方权责明晰，资源链、产业链、教育链、创新链深度绞合的长线治理架构，满足用人单位、学生、家长对高等职业教育的质量期许。具体而言，浙江省未来需要突破法律与政策保障、产权评估、治理结构三个关键点，以提供职业教育的"浙江经验"。

（1）宏观视角的法律与政策研究。法律与政策是推动高职院校混合所有制改革的关键动因，完善的教育法规能够给予办学主体以合法的产权身份、明晰的实施路径和稳健的收益预期，有助于避免因法律漏洞引发改革矛盾。《民法总则》《教育法》《职业教育法》《高等教育法》《民办教育促进法》为社会力量参与职业教育领域办学培育了的法治土壤，但相关条文中均未对"混合所有制职业院校"作出明确定义。为了解决现行法律法规中语义模糊、表述冲突的问题，未来研究中需要基于国内外产教融合经验与新时代职业教育使命，探讨职业教育的"一揽子"法律，梳理散布于现行法律体系中混合所有制相关内容，清理不适应的陈规旧法，遵循法律生成规律并对注册登记、机构属性、法律地位、资本结构、收益分配、资产处置、管理体制、风险防范、退出机制等问题进行前期调研。同时要明确，在我国现行的政府授权机制与教育管理体制下，地方政府和相关职能部门是高职院校混合所有制改革的"划桨人"，其对改革节奏、实施进程、办学对象定性等议题具有微观政策解释权，因此在对高职院校混合所有制改革做好顶层设计的同时，学术界还须及时评估地方政府和教育主管部门制定的配套方案与工作办法,探讨保障改革措施有序落实的政策建议。

(2) 中观视角的产权研究。产权制度是高职教育混合所有制改革最核心问题,也是合作办学的根本纽带。未来研究首先要明确各类资产的产权边界,梳理地方政府政策或院校实践中对混合所有制职业院校办学基本条件的具体操作,推动产权准入制度从自由裁量"一校一案"转变为兼顾差异性与标准性的全国通用"一类一案"。其次要借鉴《资产评估法》,从主体、原则、程序、方法等方面探索国有财产、社会资本的产权评估工作办法,尤其要关注公立院校的品牌、设备、师资、场地以及其他国有资产的估价问题。最后要探究各主体产权的退出机制,混合所有制改革中的企业由于客观经营不善、主观消极意愿或因未达到预期培养目标而不愿继续参与办学,需要从政策层面探索企业、学校、政府的产权退出机制,研究通过交易与转移实现产权的自由流动。

(3) 微观视角的治理结构研究。《国家职业教育改革实施方案》明确提出经过5~10年,职业教育基本实现由政府举办为主转变至政府统筹管理、社会多元办学的新格局,实现这一目标的关键在于以混合所有制改革为抓手,创新职业院校的运行机制和组织形式。参与混合所有制改革的企业是以获取收益的"盈利性"为目的,学校首要目标则是带有"公益性"色彩的高质量人才培养,各类办学主体的价值取向差异将导致治理责任、权利与义务分歧。后续研究需深入理解"理性经济人假设"和"利益相关者理论",基于公益性优先兼顾参与主体利益的职业教育理念解构各方的资本与价值诉求,探讨公办院校理事会和民办院校董事会制度,分析党委政治领导与校长负责制下决策权、领导权、监督权、办学权、管理权的治理问题。具体到管理模式,无论是资本来源单一化的公立和民办高校,抑或市场经济体制下的企业,都已经形成了包含财务制度、人事制度、采购制度在内各自行之有效的制度体系,未来需要关注如何通过考核制度来指导"产学研用"深度融合,如何通过绩效薪酬和股票期权的制度安排激励"双师型"师资团队,如何通过多元、融合、开放的办学新模式构建育人共同体。

宏观视角的法律与政策研究过程有助于对混合所有制在高职教育领域

的适用性进行重新思考与再确认，中观视角的产权研究离不开对经济学、法学、财政学、教育学等不同学科相关理论的交叉认知，微观视角的治理结构研究将为混合所有制更大规模的试点工作扫平院校运行障碍。这在一定程度上弥补了现有文献的缺陷，为高职院校混合所有制更加全面和深入的发展提供理论指导与政策支撑。

二、制度互补性视域下的现代学徒制比较研究

2014年国务院印发《关于加快发展现代职业教育的决定》提出要推进校企联合招生与培养的现代学徒制试点工作，同年8月教育部颁布《关于开展现代学徒制试点工作的意见》，标志着现代学徒制试点迈出实质性一步。此后，教育部分别于2015年、2017年、2018年分三批累计遴选出562家试点单位作为现代学徒制的试点地区、试点学校、试点行业组织和试点企业，其中参与现代学徒制试点的高职院校共有410所。与此同时，各个省市也积极研究、制定、推进地方版现代学徒制试点工作。尽管政府教育主管部门和职业院校均认识到发展现代学徒制是变革职业院校创新人才培养模式、提升人才培养质量的有效途径，高职院校在试点过程中也探索和积累出一些创新办法和实施经验，但是整体成效仍不尽如人意。运行机制与组织体制上的瓶颈导致校企合作难以实现深度融合，传统学科体系与职业岗位标准教学侧重点差异导致职业教育的"高教性"和"职教性"难以有机整合，传统教学组织模式和管理理念导致学生管理的"灵活性"和"原则性"难以权衡。

这些现象反映出国内职业教育界在培养理念和实施办法方面仍存在两大问题，一是关于培养模式的定性。近年来，高职院校为了提高学生就业数量和质量，基于"招生即招工、入学即入职"理念推出了多种形式的校企业合作订单培养班，这种培养模式与国际通行的现代学徒制是否存在本质差异，值得深思。二是关于现代学徒制的本土化。我国劳动力市场的自由化程度很高，技术技能人才就业流动性过高，推崇"唯才是举"的企业对学徒制培养模式的接受度不高。严格意义上讲现代学徒制实施的市场环

境并不理想,怎样根据现有制度基础打造中国版的现代学徒制,亟待探索解决。

(一) 制度互补性分析框架的构建与拓展

现代学徒制核心属性为"制度性",其同时具备公共性、强制性、外部性、有限性、利益性等制度特征。英国、德国等发达国家的现代学徒制不仅限于一项或两项政策,它是涵盖教育、社会、经济等多个领域的制度组合,在这一组合中各项制度呈现出具有一定契合度和层次性制度结构,并由此产生了互补性关系。这种制度互补性关系将不同领域与不同范式的制度相互关联以实现共同的目标,它是一种很难被量化却又真实存在的隐性力量。忽略其他领域配套制度而单独分析某项职业教育政策,得出的研究结论难免会出现偏颇。因此在研究现代职业学徒制人才培养模式时应通盘考量相关制度的合集,构建制度互补性分析框架。

构建该分析框架的首要工作是正确解构现代学徒制的制度结构,借鉴美国社会学家斯科特(W. Scott)提出的规制性、规范性、文化——认知性要素理论将制度结构分层。其中,规制性要素反映的是形式外在和内容明确的各种制度设定,例如行为的奖惩与监督;规范性要素是基于道德理念与社会责任形成的制度准则;文化——认知性要素体现的是社会成员共同认知逻辑和主流信仰的制度文化。在大多数制度组合中三个要素直接相互关联和影响,很难单独界定某种要素发挥的作用。基于制度因素三分法理论,斯科特(W. Scott)构建了广泛意义上的制度互补性分析框架,如表4.4所示。

表4.4　　　　　　　　制度互补性的三要素分析框架

项目	规制性要素	规范性要素	文化　认知性要素
逻辑机理	工具性	适当性	模仿
遵守基础	权益性应对	社会责任	观点一致
秩序基石	规制性规则	约束性期待	建构性图式
扩散方式	强制	规范	模仿
过程性指标	规则、法律、奖惩	合格证明、资格承认	共同信念、行动逻辑
情感反应	无愧或内疚	荣誉或耻辱	迟疑或确定
约束机制	法律制裁	道德支配	被认可的文化支持

此分析框架对于研究现代学徒制的制度互补性具有参考和借鉴价值。第一，拆分结构淡化制度边界，以三大组成要素为依据重新梳理相关制度组合，契合现代学徒制的制度复杂性和丰富性的特征。第二，现代学徒制中同样存在规制性、规范性、文化——认知性要素，这种解构方式有助于分析制度组合内部各个要素的相互作用机理。因此，基于上述理论本书建立了现代学徒制的制度互补性分析理论框架。

（二）现代学徒制人才培养模式的制度互补性比较

1. 德国和英国的"现代学徒制"运行模式

德国职业教育培养体系（VET）一直被各国视为现代学徒制的"完美典范"，学校主导的通识教育与企业主导的实践培训并行并重，因此也被称为"双元制"（DS）。联邦政府统计数据表明德国参与学徒制的学员占职业培养总人数的64.21%，年学徒注册人数增速超过15%，且学徒制的完成率在1997~2017年均保持在76%左右。英国的学徒制起步较晚，受到20世纪60~80年代国家去工业化政策的影响，英国学徒制在重要性指标数据方面均落后于欧盟其他成员国家。但是近些年英国政府意识到学徒制体系对技术人才培养和经济发展的积极作用。1993年英国以"现代学徒制（MA）"名义重新推广学徒培养模式，2009年颁布《学徒制、技能、儿童和学习法案》，逐步完善了现代学徒制的法律框架，同时政府在配套资金和资源方面也加大了投入力度。英格兰地区的学徒制参与人数由1997年的7.46万人增长至2015年的26.7万人，学徒制、高级学徒制完成率由2000年的30%、33%提升到2017年的68%、71%。罗伯特斯（K. Roberts）认为德国和英国学徒制培养体系从学校课程到就业政策均存在显著差别，且在欧盟国家职业教育模式中最具代表性。本书将从现代学徒制度的三个基础要素层面解读德国和英国现代学徒制能够良性循环的原因。

（1）规制性要素层面。德国通过《联邦职业教育法》《手工业条例》和《联邦职业教育促进法》等一系列教育立法，为现代学徒制的顺利开展提供了制度支持，三轨并行教育体系为现代学徒制的良性循环提供了优质且充足的生源保障，良好的劳动力职业素养为现代学徒制树立了口碑，激发德国企业参与的积极性，最终形成了良性循环。

具体来看，德国将教育体系分为学前、初等、中等和高等四大阶段。学前教育阶段与其他国家基本一致，德国儿童达到义务教育年龄（通常为6岁）后进入小学接受初等教育。入学4年后进行定向级选择，根据爱好、人生规划和特长等因素，将学生分流到文法学校、主体中学和实科中学接受初等教育，其中文法学校主要提供难度较高的通识教育，主体中学提供公共通识教育，实科中学提供基础通识教育，达到规定成绩的主体中学学生可以申请升至实科中学，实科中学学生也可以申请升至文法学校。完成上述三类初等教育的学生，将面临二次分轨进入中等教育阶段，其中文法学校中大部分学生继续高年级课程，其他学生则进入职业专科学校、职业提高学校等接受全日制的专业培训，如果不打算接受上述两种全日制教育的，则需要完成3年非全日制的职业培训。结束此阶段教育课程后，大部分全日制专业培训的学生将直接参加工作，也有少部分考入专科学院、公共行政学院继续接受高等教育。文法学校的学生毕业后考入综合性大学或音乐艺术类高校。德国继续教育还会通过夜校大学、成人教育机构为已就业人员提供多种形式的高等教育，如图4.5所示。

英国没有实施强制性的分流体系，与德国以约束为主的学生多次分轨制度不同，英国学生都是在综合中学完成中等教育，其规制性因素更多是通过"市场化"和"经济激励"实现的。一方面，英国政府将学徒界定为正式工作，企业除了要为学徒支付完整的社会保险外，还要支付高于国家最低工资标准的报酬，一般情况下，英国学徒第一年就可以拿到相同岗位正式员工45%~75%的工资，英国正是通过这种方式吸引学生参加现代学徒制。另一方面，英国通过服务购买的形式激励劳动力市场招聘学徒，政府以经费补助的形式为企业支付培训未成年学徒所需的费用，雇主支付的工资可以通过学徒日常工作的绩效抵消，有效降低了企业参与现代学徒培训的成本。同时，受益于这一市场机制，英国逐渐形成了"学徒选培中介"组织，其盈利方式是从政府获得财政拨款并从企业收取服务费，职责是招募和输送学徒，这类营利性组织的出现在很大程度上改善了学徒岗位供需状况。

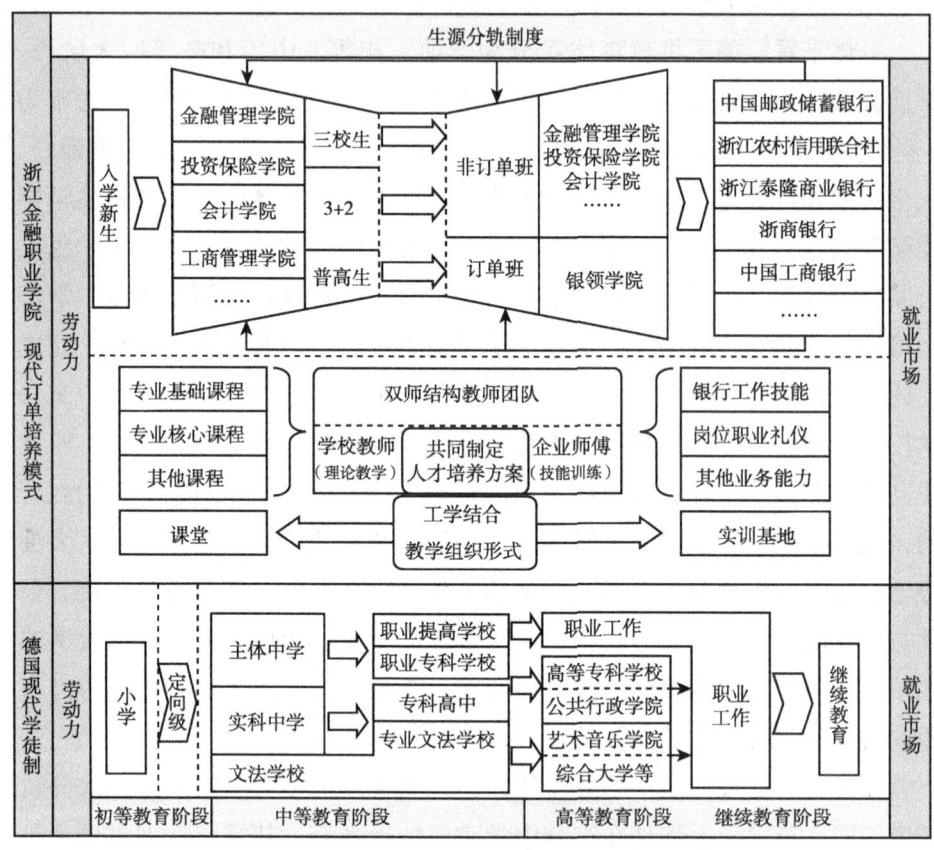

图 4.5 现代学徒制与现代订单培养模式的比较

（2）规范性要素层面。职业身份认定和招聘雇佣偏好是德国劳动力市场青睐学徒制的重要原因。德国政府非常注重对学徒制学员的职业技能鉴定。据统计，德国共制定了包含技师和技工两级的 250 余个职业教育专业等级证书，并且此类认证往往只对学徒制学员开放，考试合格后由德国工商大会（IHK）统一颁发证书。由于政府部门和相关社会组织为通过考核的学徒能力背书，因此企业雇主对学徒制培养出的学员较为认可，在招聘时存在较强的需求偏好。此外，德国在各个教育阶段均构建了职业引导机制，提升学生对学徒制的了解和认可。从小学开始便配备职业规划教师，为向潜在学徒提供就业选择、职业培养及资格认证考试的咨询和指导。七年级时学校会为每一位学生分析其职业潜能，八年级时学生便有机会参加为期两周的就业岗位体验。

英国政府在学习履历互认和资格框架层面作出很多政策尝试，以保障现代学徒制的开展质量。一是打通了职业教育与学术教育的履历相互认可与转换的通道，英国职业证书的五、六、七级可以分别对应学术教育的专科、本科和硕士研究生；二是构建了全国职业技术教育资格框架，包括五级制的国家职业资格（NVQ）和八级制的职业证书，两者在职业导向和考察内容上存在差异性和互补性，其中NVQ专注于职业能力的考察，涵盖了财务、技术工程等50多个专业门类。两套证书体系在实施中并行但又存在部分交集，在各自不同级别上存在对应关系，例如职业证书的五、七级与NVQ的四、五级存在互换和对等关系。这些举措弥合了现代学徒制学员在学术教育履历上的缺陷，增强了社会对学徒技能技术身份的认可。

（3）文化——认知性要素层面。德国的行会文化、职业认知和宗教信仰为现代学徒制的顺利推行提供了必要性支持。首先，德国企业的学徒制培养模式拥有悠久的历史，最早可以追溯至中世纪的行会制度。工业革命以来，与大部分资本主义国家的行会组织模式逐渐被市场摒弃的境遇不同，政府的积极引导以及企业家强烈的使命感促使德国行会组织较为完整地保留下来，行会文化推动了校企合作学徒制的延续。其次，16世纪宗教改革运动后新教逐渐成为德国人民的主流信仰，其教义中将工作定义为上帝分配的"天职"，督促每个人务必要竭尽全力完成。最后，德国职场推崇实用主义，对高学历没有盲目推崇，对职业技能教育也不会鄙薄。经济、政治等领域很多成功人士的职业生涯都是从一线技术工人开始，职场文化鼓励有一技之长的匠人，促使学徒制在就业市场具有竞争优势地位。因此一份稳定的工作以及在人生不同阶段通过多种形式的现代学徒制培训获得专业技术从业资格，被视为德国工薪阶层职业生涯的最高追求。

英国受绅士文化和自由主义思想影响，传统教育体系中职业教育地位较低，学徒制对学生缺乏足够的吸引力，更多地被看作"选无可选"的补充性教育。近年来，随着英国中央政府对现代学徒制的宣传和推动，社会对学徒制的认可度和美誉度逐渐提升。但总体来看英国现代学徒制在文化——认知性因素层面的功能性较弱。

2. 浙江省高职院校的"现代订单培养模式"

我国劳动力市场技术人员流动性较高,企业间的"挖人"行为会导致内部技能的形成机制无法形成,学徒制难以立足。我国短时间内很难在全国范围内普及现代学徒制,但是近些年部分办学口碑高、学生生源好的高职院校成功探索出校企合作的订单培养模式。例如,浙江金融职业学院作为国家首批示范性高职院校,建校以来培养出超过 5000 名银行行长,依托这种强大的校友资源,2008 年 3 月至今学校先后与中国工商银行、中国邮政储蓄银行、浙商银行、浙江省农村信用联合社等 60 多家银行开展合作,如图 4.6 所示,每年订单班合作单位数量平均 33 家,每年订单培养学生人数 900 人左右。十年来以订单式人才培养模式累计输送毕业生 9567 名,其中担任银行部门经理、支行行长等职务的超过百名。现以浙江金融职业学院为例,基于制度互补性分析框架,解密其校企合作的银行订单培养模式。

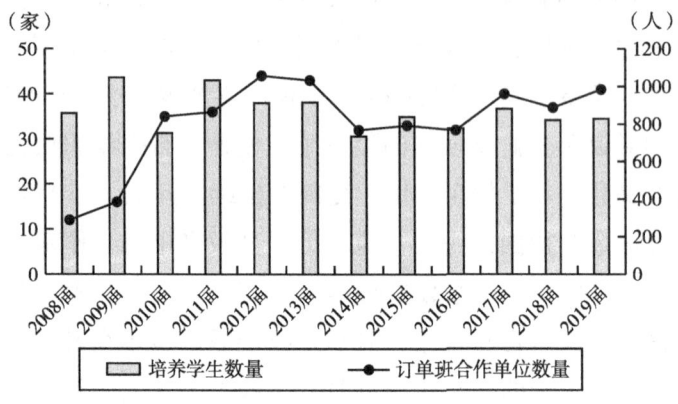

图 4.6 浙江金融职业学院订单培养模式历年数据

(1)规制性要素层面。

①全校范围内建立的生源分轨制度是订单培养顺利实施的规制性保障。我国实行 9 年义务教育,初中毕业后 50%~60% 的学生考入普通高中,其余学生到中职、职高、中专就读。如图 4.5 所示,浙江金融职业学院在新生报到伊始便进行第一次分轨,依据录取专业将学生分入金融管理学院、

会计学院等七个二级学院,在此基础上再依据招生生源差异将学生分为"普高生""三校生"和"3+2"学生,并将各种类型的生源单独组班。在大二的最后一个学期(即第四学期)对学生进行二次分轨,每年4月银行向学校提交订单培养需求信息,5月依据与各大银行的合作培养协议在全校范围内组织订单班笔试与面试,让金融机构进入校园与学生就岗位进行双向选择,有意向且通过笔试和面试的学生将签订银行订单培养协议。6月正式完成订单班的组建,学生课程安排和日常管理随即由原二级学院转移到"银领学院"。银领学院是为实现学校人才培养与企业岗位需求的无缝衔接,增强人才培养的针对性和职业性而设立的专门负责订单培养工作的实体二级学院。学校统计数据显示,每年大约有900名学生将在大二学年结束后进入"银领学院"各个银行或其他金融机构的订单班中。

②学校的专业培养与企业师傅的技艺传授为保证订单培养质量提供最优化的规制性路径。浙江金融职业学院除了开设常规的专业课程外,还增设银行业务技能课程,要求学生掌握点钞与反假币技术、五笔技能和传票输入技能,每个学期组织"金融基本职业技能水平鉴定",并将技能水平设置为进入订单班的前置条件。如图4.5所示,对进入订单班的学生统一实行"准员工"身份的职业化教育管理。在课程设置层面,"银领学院"和订单单位共同制定人才培养方案和教学标准,重新设计编排专业课程,订单班中将近一半的课程是讲解订单单位的业务流程、规章制度和组织文化等内容。为了培养"彬彬有礼、力行于心"的金融学子,还增设了职业礼仪课程,每周学习金融礼仪90分钟,每周参加礼仪早训两天。在师资配备上打造双师团队,双方共同选派教师,订单银行选派业务骨干或管理层人员对学生的岗位技能、组织文化和职业价值观进行培训,学校选派教师主要负责公共基础课和基础理论课。在教学组织形式方面,学校重视工学结合,为了强化学生的工作场景体验,引企入校,学校与订单单位共建生产性实训室,例如与浙商银行合作在学校内建立"浙商银行客户服务中心",在校生经过培训后进入该中心顶岗实习。第五学期实行半工半读的教学形式,学生部分时间在学校接受系统培训,另一部分时间在订单单位实习,第六学期订单班学生可直接到订单单位进行顶岗实习。通过这种人

才培养和考核制度，规范了校企合作的订单培养模式，从制度层面为学生的订单培养质量提供保障。

（2）规范性要素层面。

浙江金融职业学院学生对订单培养模式的青睐，首先得益于银行和其他企业对订单班毕业生的雇佣偏好。在订单班正式选拔前学校和各二级学院会定期组织多种形式的技能测试，对学生专业知识和职业素养进行过程性实时评定，进入订单班后"银领学院"会进一步强化对学生的职业素质量化考核，采取"素质积分"的末位淘汰制度，旨在培养品德优良技能过硬的现代金融职业人才，而高质量的人才输送促使银行认可这种人才培养模式，愿意将更多的银行柜员、客户经理等基础性岗位交由订单班培养。我国高校毕业生数量由2008年的512万人迅速增加到2019年的834万人，劳动力市场竞争十分激烈，相比于其他高职院校学生，订单班"招生即招工、入学即入职"的培养模式，为在校生提供了美好的就业预期。

其次，学生对订单培养就业前景和银行职业发展规划高度认可。学校建立了较为完善的职业启蒙制度，面向大一新生开设职业生涯规划课程，教师会重点介绍银行岗位的晋升通道，为学生提供职业相关咨询，增强其学习的目标感以及对银行工作的认可度。同时，定期组织全校学生参加银行杰出校友返校交流活动，开展订单班学生与金融机构优秀员工的面对面零距离座谈会，帮助订单学生了解行业发展情况，明确自身发展目标。2013~2018年浙江金融职业学院在校生职业规划跟踪调查结果表明，超过60%的大一新生将银行设定为第一就业意向单位。

（3）文化——认知性要素层面。

我国传统社会认知中，公务员、医生和教师因为就业稳定、有编制被视为"金饭碗"，银行和其他国有企业因为工作规律、待遇高被称为"银饭碗"。每年银行招聘柜员、客户经理等岗位都会招到很多应届硕士毕业生，对于高职院校学生而言，能够去银行工作非常有荣誉感。此外为了理财业务开展便利性和雇佣关系稳定性，银行订单班选拔时往往会注重生源户籍地与就业银行网点的一致性，能在家乡的银行工作对于学生而言会有一种"衣锦还乡"的成就感。从职业生涯规划层面考量，即便在银行工作几年后选择跳槽，这段履历也有助于学生在劳动力市场提高竞争优势，这些因素都会显著增强订单班对学生的吸引力。

（三）浙江省现代学徒制实施经验的制度互补性辨析

迈克尔·赛德勒（Michael Sadler）在《比较教育》一书中指出教育制度中具体要素与外部实施环境相互依存、紧密联结。正如同为发达国家的德国和英国因在法律体系、教育管理模式与传统文化等层面存在较大差异，其现代学徒制的构建与推行皆根植于各自特有的政策土壤。本书从系统论视角剖析浙江省现代学徒制的政策构成和制度互补性形式，发现其成功实施必要性因素，为我国现代学徒制试点及其全面推行提供理论支持。

1. 制度互补性的运行基础是统一制度框架设计

虽然德国是联邦制国家，各地方政府保留了部分内部事务的管理权，但是中央政府通过立法的形式保证了现代学徒制相关政策在全国范围内的无差别落实；英国将其现代学徒制的保障制度——职业资格框架和教育履历互认体系在整个英联邦国家范围内推行；浙江金融职业学院的订单培养模式也是突破院系和生源种类的界限，在全校范围内实施统一的银行订单选拔和培养。

2. 制度互补性的核心是为学徒提供就业获利预期

理性人假设是西方经济学研究中最基本的前提，其认为经济活动中每个人的经济行为皆是希望通过最小的自身经济代价换得最大经济利益。这在劳动力市场同样适用，影响学生参与现代学徒制热情的重要因素是其能从中获得何种和多大程度的收益。德国重视技术技能人才的传统文化使得学徒获得精神上的荣誉感，企业对于学徒存在的雇佣偏好则为其带来真金白银的收益。英国则通过财政补助和教育立法，提高了学徒在实习期的工资以及就业后的福利水平。浙江金融职业学院现代订单培养模式通过就业包分配和优质银行工作岗位，同样为学生带来了美好的职业预期和较为可观的物质薪酬。

3. 制度互补性的良性循环离不开高水准的劳动力培养质量

毕业生的整体质量是检验现代学徒培养模式优劣的重要标准。得益于渗透到人才培养全过程的职业教育标准、多元考核评价等保障制度，德国学徒制中规制性、规范性和文化——认知性要素之间表现出相互加强的关系，共同为学徒质量提供了坚固的保障。浙江金融职业学院将职业技能水平训练与评测融入订单培养的各个环节，定期在全校范围内组织技能鉴定，并将其设置为进入订单班的前置条件。进入订单班后继续实施量化考核，每位学生初始分值为100分，将60分、40分和20分设置为预警值，当低于这三个分值时学院教师、班主任和年级辅导员会采取相应的引导和处理措施，并采取末位淘汰制度以保证订单班毕业学生的质量。

4. 制度互补性的表现形式分化为互相加强和互相弥补

现代学徒制在实施过程中由于三个制度要素的完善程度存在差异，导致制度互补性逐渐分化为相互弥补或加强两种不同表现形式。德国现代学徒制是典型的均衡性系统，规制性、规范性、文化——认知要素均较为完善，制度互补性体现为相互绑定和加强。英国现代学徒制和浙江金融职业学院的现代订单培养模式均属于典型的发展性系统，各个制度要素的完善程度存在较大差异。其中浙江金融职业学院通过定制化专业培养课程以及筛选优质银行单位合作，提升了其订单培养模式中规范性和文化——认知要素强度，但是国内学徒制立法和政策配套的不足导致其规制性要素较弱。英国的现代学徒制通过政府多种形式的激励措施提升了"规制性"要素强度，弥补了规范性和文化——认知要素层面的不足。

（四）结论与展望

制度互补性分析结果表明，浙江金融职业学院的现代订单培养模式已经摆脱了传统订单班的诸多弊病，具备现代学徒制培养模式的雏形。德国、英国等国家的职业教育实践过程证明，现代学徒制是培养技术技能型人才的有效模式，但是现阶段国内劳动力市场环境并不适宜简单模仿和全面推广西方国家的现代学徒制，构建顶层制度的设计和职场文化重塑是一个复杂且漫长的过程，基于浙江省现代订单培养的实践经验来完善高职院校的人才培养模式是更加符合国情的选择。

1. 重视激励，形成政府协调、校企"双主体"合作的现代学徒制培养格局

现代学徒制作为校企合作的职业教育培养模式，其成功实施离不开学校和企业共同发挥的主体作用以及政府的政策引导。德国学徒培训中约70%的学徒培养经费是由企业支付，主要的工作培训场所均由企业负责提供。德国联邦政府通过《企业基本法》《培训条例》等法律法规对教育职能部门、企业及高校的责任与权利进行明确规定。我国教育部出台的《关于开展现代学徒制试点工作的意见》（以下简称《意见》）中也明确指出，要充分发挥政府的统筹协调作用，处理好教育、财政、人社等相关部门的关系。

因此，应进一步明确现代学徒制人才培养过程中政府、企业和高校各自承担的责任，针对双主体合作可能造成的权责不明问题，要充分考量学校与企业的利益诉求与行动逻辑，在保障充分各方基本权益的基础上建立责任与利益制度，打消试点院校及与企业的各种顾虑。针对双主体办学中主体投入不足、缺乏办学活力的问题，可以通过健全保障机制激发企业的参与积极性，各级财政、税务部门应以设立校企合作专项基金、减税补贴等方式支持企业参与职业教育。高职院校也要主动适应现代学徒制培养模式，改革教学管理机制，结合自身定位和办学优势，寻求校企的利益共同点，最大限度"引企入教"，激发企业参与人才合作培养的积极性。

2. 强化融合，构建资源共享、工学结合的双元制课程体系

现代学徒制职业教育中校内学习和企业工作的边界将逐渐模糊化，实现学习中有工作，工作中有学习的工学结合人才培养模式。在德国和英国的现代学徒制中，学徒60%学习时间是在企业培训中完成的，德国企业负责制定职业技能培训条例，职业院校负责开展理论与专业教学。英国现代学徒制课程体系中虽然在制定过程中没有明确区分学校和企业课程，但是在实施过程中双方分工明确，由学校承担必修理论课程，企业承担选修实践课程。浙江金融职业学院订单班学生的学习场所也是在学校与银行业务网点之间交替进行。

在职教资源层面，应该充分整合政府、高职院校与企业资源，共同搭建实践资源平台，共同开发教学课程体系。在师资配套层面，高职院校应当继续强化"双师型"师资队伍建设，并积极引进企业优秀专业技术人员，参与人才培养与教学管理。在教学组织形式层面，应当按照《意见》要求，深化工学结合人才培养模式改革，保证"工"在学生培养方案中的比重，并基于工学结合模式重构课程培养体系与课程教学内容。理论教学不仅是学校的责任，实习实践也不再是工作场所的专属。双方需要将理论学习与工作实践结合起来，根据企业需求和学徒能力水平制定教学课程，建立学校和企业共同主导、分工协作的双元制课程体系，真正实现"理论与实践教学""校内与校外资源""教学与就业"的融通。

3. 加强管理，建立灵活的职业教育学生分轨制度

全面的生源分轨制度有助于实现对学生就业意愿和职业素养的有效分类，为现代学徒制人才培养模式提供充足且优质的生源。德国学生从进入定向级开始有多次选择就读学校类别的权利，并由此打造了包含主体中学、实验中学、文法学校在内的多级分类职业教育体系。可以说德国现代学徒制的成功离不开全国范围内的学生分轨体系，与之相应，浙江金融职业学院银行订单班的良性循环也离不开全校范围内的生源分轨机制。

《意见》中提到我国专科学历层次的生源复杂性特点，包括应届中职毕业生、高中毕业生以及同等学历的企业职工，因此学生分轨制和分类培养尤为重要。高职院校应当在准确把握行业需求的基础上，科学划分专业群、设置专业。通过构建覆盖到每一位学生的分轨制度，让学生有权利选择适合自身发展的专业。此外青年阶段是人生观和价值观的形成阶段，学生的职业规划存在不稳定性，经济发展状况和产业升级趋势也是动态变化的。因此生源分轨制度应具备足够的灵活性和适应性，学校应定期组织学生职业素养的自我评估与鉴定，根据实际情况合并、变更或新设相关专业，实现生源的多次分轨。

4. 重视质量建设，因地制宜地逐步扩大试点的规模与范围

现代学徒制的实施应该注意质与量的关系，在适当规模和适当范围内开展现代学徒制试点工作。《意见》中也提出应合理规划区域试点，逐步扩大试点范围。在试点专业层面应结合学校学科优势选取服务型和技术技能应用型专业,这有利于形成紧密的校企合作、专产融合关系。在试点范围层面选拔部分学生参与学徒制培养,取舍依据是学生的参与意愿是否强烈且学生个人综合能力水平是否满足企业对员工的客观要求。例如浙江金融职业学院的订单培养模式是基于优质合作银行的筛选以及学生与单位的双向选择,每年最终进入订单培养的学生占全校毕业生比例为1/3左右。适当规模和范围的试点工作,不仅有利于保证较高的师资配套,还能筛选出优质的合作企业。通过校企双方共同制定并不断完善工学结合的现代学徒制人才培养方案,能在最大限度上保障毕业生的技术技能素质,而较高的培养质量会在企业界和学生群体中逐渐积累良好的口碑,激发企业主体和学生主体参与的积极性,有助于加速初期校企合作良性循环的形成。此外,对于现代学徒制试点工作开展效果良好的省份,应当及时总结实施经验,定期遴选和新增省级现代学徒制试点项目,积极扩大试点规模和范围。

第三节 "重要窗口"建设之人才分类培养探索

新中国成立74周年以来,我国在经济、社会、民生领域都取得了举世瞩目的成就,高等教育也逐渐探索出一条中国特色道路。在政府支持及社会各界关注下,高校办学规模和质量呈现了良好的发展态势,高等教育已由"精英教育"转变为真正意义上的"大众教育",并快速迈向普及化阶段,涌现出一系列高质量、高标准、与区域产业对接良好的培养模式,为行业输出了高素质的技术技能型或复合型人才。但部分制约因素仍然成为高等教育持续良性发展的瓶颈,传统培养模式中每个专业统一制定培养目标与方案,执行统一教学标准的做法,在某种程度上忽视了学生的个体性差异,难以解决大学扩招带来的学生能力水平参差不齐问题,难以应对社会和行业对毕业生专业技能和职业素养的多层次、多元化要求。部分高校也因此出现人才培养模式与生源结构不匹配、毕业生从事岗位与人才培养目标偏差较大、"低端化"就业趋势等问题。如何激发受教育者的学习积极性,如何因材施教培养高质量人才,越发成为职业教育人才培养模式的核心议题。

2018年教育部印发《关于加快建设高水平本科教育全面提高人才培养能力意见》，明确了包含"坚持分类指导"在内的建设高水平本科教育五项基本原则，要求在专业建设和人才培养方面必须实施分类指导，面向全体学生分类施教，结合专业特色强化实践，促进人才培养质量提升。2005年教育部印发的《关于进一步加强高等学校本科教学工作若干意见》中提出要以社会和行业需求为导向，实现学生多样化培养。在职业教育政策层面，2014年国务院颁布了《关于加快发展现代职业教育的决定》，明确指出职业教育要实现系统培养、多样成才，要为学生的多路径成才和多样化选择搭建"立交桥"。

需要指出的是，应对高等教育的问题与挑战，除了政府的政策支持，同样离不开学校持续优化教学组织和学生管理，合理配置教育资源。近些年国内高校因地制宜地开展了教改实验班、学徒班、精英学院等多种尝试，是对"以行业对人才需求为导向、以学生高质量发展为宗旨"分类培养的有益实践。但相关的学术和理论研究略显滞后，未将人才培养行动与系统性教育理论相关联，也缺乏对分类培养模式的归类与特征研究，导致理论与实践之间裂隙在扩大。本书基于制度和管理特征两个维度，归纳出"严选拔 封闭式""严选拔 半开放式"和"宽选拔 开放冲关式"三种人才选培模式以及"二级院系"和"共享式育人平台""精英式学院"三类教育责任主体，并在此基础上构建高校人才分类培养的概念矩阵模型，以探究我国分类培养模式的特征差异和共通规律。

一、我国高校分类培养模式的特征辨析与模式归类

人才分类培养的核心议题是学生选拔与后续培养，而选培工作的顺利开展离不开与之相适应的组织架构，故分类培养模式差异可以归纳为选培模式与责任主体两个维度。通过持续多年的实地走访与案例研究，本书将国内分类培养模式进行了理论归纳，其中选培模式体现出"严格选拔、封闭式培养、集中教育资源"和"宽松选拔、开放式培养、共享资源"两极

的制度特征，责任主体呈现出"精英学院""专业院系"和"共享式育人平台"三种管理特征。

在此基础上本书从制度特征和管理特征两个层面将高校分类培养模式归纳为高强度教学与资源集中的"严选拔性 封闭培养模式"、学生自主与资源分散的"宽选拔性 培养开放模式"以及"混合型模式"三种样态；在责任主体维度根据责任主体差异，将学生分类培养归纳为"共享式育人平台负责制""二级学院负责制"和"精英式学院负责制"三种样态。为了解高等教育分类培养的全貌，本书在研究中通盘考察并研究了本科和专科院校。

（一）基于制度特征的分类培养模式比较研究

人才培养模式必须与高校资源配置和培养目标适度匹配。分类培养的第一步是生源选拔，而选拔方式也直接影响了后续培养工作的组织与开展。国内高校分类培养中初始学生选拔主要有两种实施思路，第一类是"严选拔"，注重校内生源的选拔工作，通过专业考试、技能测试和综合面试等形式全方位鉴定学生的综合水平，实现优中选优；第二类是"宽选拔"，初次选拔时不设置过高门槛，采取边培养边遴选的方式，在过程中甚至到了阶段性培养结束时才确定最终入选学生。

1. "严选拔 封闭式"分类培养模式

严格的选拔机制与封闭的培养方式存在天然适配性。学校在分类培养开展之初按照既定的培养目标筛选学生，但经过严格选拔后能够入围的学生仅仅是少数群体。为充分发挥选拔的意义，强化入选与非入选学生在教学内容和培养质量方面的差异，学校内部会及时调整行政班级、住宿和学籍等事项的管理权限，设置相对封闭和独立的"教育特区"。本书将其定义为"严选拔 封闭式"分类培养模式，其显著特征和重要意义主要体现在四个方面。

一是"严选拔"意味着控规模。在"严选拔 封闭式"分类培养模式中，严格准确的生源遴选直接决定了人才培养工作的成功与否，高校通过全面的考核方式筛选出最优秀的学生。例如浙江大学竺可桢学院设立的初衷是为重点培养优秀的本科生，其招生选拔分为专家面试、体能测试和综合测试三个部分，考察内容涵盖专业知识、生活技能、身体素质各个方面，这种"严选拔"模式还会通过末位淘汰机制层层筛选学生。二是"封闭式"意味着高标准。学校会投入更优质的教育资源，配置双师型师资团队，进行小班化授课，打造多媒体教学设施以及定制化的人才培养方案。例如上海交通大学致远学院在学生的基础能力培养阶段，区别于其他二级学院单独制定教学计划，聘请校内外优秀教师担任课程主讲，采取快节奏、高难度、讨论式学习与研究式教学，夯实学生的专业基础。三是"封闭式"意味着严要求，为了帮助学生在未来职业道路上能够走得更高更远，分类培养方案会对学业成绩和专业技能提出更高的考核标准，以督促学生付出超额的精力和时间，认真钻研理论知识并练习实务技能。良好的培养质量会显著提升分类培养模式的口碑，吸引更多更优秀的学生参与选拔，通过激烈竞争后入选的学生更容易获得精英身份的认同感，这也会进一步提升培养质量，形成良性循环。四是"严选拔 封闭式"模式注重创新。通过有意弱化教与学、校与师的制度性约束，鼓励教育模式的变革。例如推行工学交替的教学模式，聘请企业优秀从业人员做编外兼职教师。

2. "宽选拔 开放冲关式"分类培养模式

"宽选拔"分类培养模式下更多是基于"礼闻来学"的态度，学校不会把优质教学资源限定于小范围学生群体，而是由学生决定是否使用校内共享的教育资源，在培养初期学校不会组织能力测试确定入围学生，而是由学生自主决定是否参加冲关，选拔压力被分解到人才培养后续过程的各个阶段，通过考核难度层层提升来逐步完成分类培养目标，顺利完成所有课程和测试的学生可以获得就业推荐、物质及精神奖励。与"严选拔 封闭式"培养模式不同，"宽选拔"制度一般采取的是开放型培养，其没有通过学生遴选的方式打造志同道合或能力相近的荣誉共同体，没有将学生从原班级分离出来，分类培养目标的实现以及师生的交流互动很大程度上是由学生个体主导，本书将这种模式定义为"宽选拔 开放冲关式"分类培养模式。

3. "严选拔 半开放式"双重分类培养模式

这种分类培养模式既重视学生的遴选工作，又不会以重新组建行政班级、重新分配宿舍等形式把入选学生从原归属集体中完全分离出来，通过新设一个虚拟的教学单位来赋予入选学生双重身份。在人才培养方案制度层面，不会完全推倒重来，仅对培养方案中部分课程进行替换，提供更多的教育资源支持分类培养。这种模式属于折中方案，既保留了"严选拔"构建起的精英身份荣誉感，也借助动态选拔提升了培养质量。其典型特征是入选与非入选学生的双重身份认可与双重集体归属，学生同时参与原班级和选拔后虚拟班级的集体活动，其学业既包括分类培养的定制化课程，也包括大学生一般培养方案中的通识课程，由于学生的学籍管理和教学组织仍然归属于原班级，因此其第二重身份主动放弃或被取消的损失远小于"严选拔 封闭式培养"，本书将其定义为"严选拔 半开放式"双重培养。

（二）基于管理特征的分类培养模式比较研究

我国高校分类培养模式的制度特征在"选拔 培养机制"方面得到了较好体现，而教育主体分化则为人才培养的管理特征作出了进一步解释。国内高校人才分类培养的责任主体包括共享式育人平台、二级院系和精英式学院。

1. "精英式学院负责制"的分类培养模式

建立精英式学院是国内本科和高职院校最为常见的人才分类培养方式，具体实施办法是在学校内部设立与普通二级学院并行的实体或虚拟学院，独立负责学生分类培养工作，配备更为优厚的教育资源，并赋予校内生源优先选拔等制度特权。关于命名方式，有的是以学校杰出校友冠名，例如南京大学匡亚明学院、浙江工商大学章乃器学院；有的是蕴含了培养人才目标，例如浙江金融职业学院"银领学院"的培养方向是银行从业人员；有的体现了教授负责制的教学管理特点，例如清华大学学堂班中的"钱班""姚班"；更多的学校是直接命名为卓越学院或者英才学院。组建精英式学院是"集中力量办大事"在高等教育中的体现，是高等教育大众化时代的一种建制创新，它能够摆脱我国高等教育普及后学生数量膨胀引发的平均水准降低以及师资规模增长导致的组织惰性问题，能够快速提升拔尖学生的培养质量。

高校内部的精英式学院一般具有独立性、封闭性特征，唯才是举是其理论根基，与之相匹配的是严苛的生源选拔机制。例如南京大学匡亚明学院每年仅招生约100人，其中高考和综合考评环节录取约85人，开学后通过"拔尖计划"再从大一学生中二次选拔约15人。随着哈佛大学、耶鲁大学等国外优秀大学办学经验的涌入，部分国内高校在精英式学院与通识教育改革之间走出了一条独具特色的分类培养之路。例如复旦大学2005年成立复旦学院彰显了"青年精英"的培养理念，不同于其他精英学院，复旦学院不设立选拔机制，采用"1+3"模式面向全校学生开展通识教育的教学与管理，全校大一和部分大二学生在复旦学院完成一年左右的通识教育后，再自由选择到不同的专业院系学习专业课程。在培养机制方面，完全封闭式的独立培养未必是精英式学院的唯一选择，浙江金融职业学院"银领学院"半开放式的双重培养模式有助于学生同时接受到原有专业院系和精英式学院的共同培养课程。南京大学的匡亚明学院负责入选学生大一和大二两个学年的能力培养，学生大三以及大四学年的课程仍由原二级学院负责。四川大学的吴玉章学院主要负责入选学生的公共课程，原二级学院负责全部专业课程及相关培养方案。因此，"严选拔 半开放式"是国内高校精英式学院培养模式的主流做法。

2. "二级学院负责制"的分类培养模式

校内二级学院主导下人才分类培养的根基在于优势学科的师资力量、硬件设备以及其他教学资源。选培形式有"严选拔 封闭式式""严选拔 半开放式"和"宽选拔 开放冲关式"三种。其中最具代表性的是清华大学的学堂班，具体做法是二级学院内部聘请六名业内公认的高水平教授分别负责物理、数学、生物、化学、力学和计算机六个专业的学堂实验班，这六个班级没有采取全校选拔的方式，而是仅面向二级学院内部的学生，学堂班被赋予了选培标准的自主制定权，其中力学和计算机学堂班采取"严选拔 封闭式"，化学、数学、生物、物理学堂班采用"宽选拔 开放冲关式"

双重人才培养模式。"严选拔 半开放式"的典型代表是浙江金融职业学院会计学院的"工匠班——衡信会计工作室",具体做法是与知名会计师事务所合作在校内建立实训工作室,选拔学生参加实务技能学习与真账演练,会计工作室具备显著的"半开放式"制度特征,入选学生完成为期一个月的实训内容后,还要回归原有班级与其他学生一同完成院系安排的专业必修课程。

3. "共享式育人平台负责制"的分类培养模式

共享式育人平台一般是由教务处和团委等学校部门牵头成立,旨在鼓励学生的特色化和多元化发展,其培养对象通常不局限于某一专业或某一年级。受职责属性限制,共享式育人平台更多充当的是教育资源提供者和分类培养倡导者的角色,而处于学生教学和管理工作第一线的二级学院是人才培养中最强有力的教育主体,因此共享式育人平台的培养理念仍然需要学生学籍所在专业院系去落实。从选拔机制层面,共享式育人平台存在"严选拔"和"宽选拔"两种模式,清华大学的星火计划班属于前者,层层选拔后为入围学生构建"拔尖生"的第二重身份,增强其群体归属认同感。浙江金融职业学院的"会计精英启航计划"则属于后者,学校分别与东奥、正保教育集团合作,向学生免费提供初级会计、中级会计等证书考试的教学资源,为充分利用教育资源,鼓励校内学生参与培养,学校放宽资源使用条件,学生可以随时选择加入和退出。因此,共享式育人平台没有采取"封闭式"模式,与"开放冲关式"的培养理念较为一致。

二、分类培养模式的特性比较

(一)分类培养的概念矩阵模型

特征识别与归类有助于准确剖析各种分类培养模式的本质性差异,在此基础上本书基于制度特征与管理特征两个维度构建了人才分类培养模式的概念矩阵模型,如图4.7所示。教育责任主体和选培机制之间存在较强的关联性和适应性,例如共享式育人平台很难组织严选拔的封闭性特区,去除分类培养中矛盾项后遴选出涵盖本科和专科院校的八种模式。

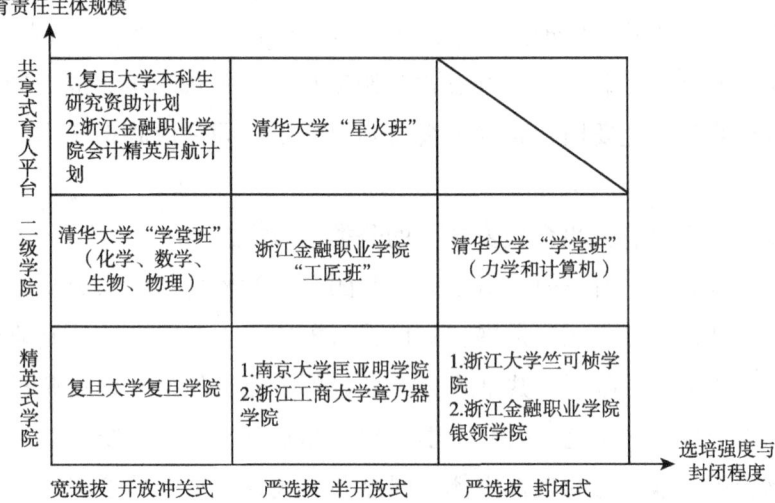

图4.7 高校人才分类培养模式分类框架

通过高校案例分析和理论框架研究可以发现，国内高校现行的分类培养教育模式虽然在教育理念、制度设计、管理办法等方面存在很多特色化创新，但均不具备完全性差异。为了适应高等教育管理体制以及生源多样性特征，培养方案中充斥着各种例外补充性条例，在实践过程中存在较多折中性做法，这都会使学校间分类教育越来越缺乏标志性特征。本书在对比性分析中借助已经建立好的理论分析框架，对各种分类培养模式进行理论化和极端化研究，以凸显其特征差异。

（二）浙江省高校分类培养的特性研究

1. 制度特征的优与劣：学生自主选择权保障与能力同质化竞争

一方面，选培机制中"严选拔 封闭式"模式通过相对独立的教师编制和学生学籍管理，有助于聘请到最优秀的教师并选拔出最合适的学生，打造稳定紧密的师生关系；但封闭式和定制化的课程体系限制了学生选修其他学院专业课程的自由，并且封闭式分类培养中大多数课程是为这部分学生单独开设的，这种排他性的课程安排限制了非入选学生平等享受学校教学资源的权利。另一方面，"严选拔 封闭式"培养的实施效果与受教育者的个人特质密切相关，培养方案与学生的专业兴趣及能力的高度匹配将有助于其迅速成长；一旦入选学生专业兴趣或职业规划改变，那么原有培养方案的实施效果会事倍功半。此外，封闭式培养模式中执行的统一培养体系和教学内容会造成入选学生内部的同质化竞争。

"开放或半开放式"培养模式中均不会设置封闭式教育特区，充分尊重学生的个性化和多元化发展意愿，专业课程选择的自由度较大，降低了学生调整专业方向和试错的潜在成本。但这也为"宽选拔 开放冲关式"模式提出了挑战，封闭式小团体的缺失导致没有为同一目标奋斗的集体氛围，遭遇挫折时缺乏在共同体内部的相互激励与支持，也无法获得选拔后的群体优越感。此外，"宽选拔 开放冲关式"松散的管理模式不利于形成紧密的师生关系，缺乏统筹全局的强力管理主体，这些都会导致培养方案约束性不足，学生学习压力较小，学业松弛。

2. 管理特征的利与弊：专业院系与精英式院的竞合关系

基于责任主体组区分的三类分类培养模式中，"二级学院负责制"与"共享式育人平台负责制"存在显著差别，但两者与"精英式学院负责制"的界线并不清晰，这主要表现在专业设置情况与实体化程度。

学籍管理是精英学院高度实体化的标志，如果精英式学院区别于其他院系开设一个全新的专业，并同时具备了学生学籍管理权以及教学活动的组织管理权，那么它便与二级学院属性基本一致。例如浙江金融职业学院"银领学院"是为培养熟知金融产品、熟练掌握银行柜台操作的复合型基层金融人才而成立的精英式学院，其在培养课程、培养目标层面完全区别于校内其他学院，是真正意义上的独立二级学院。如果精英式学院进一步虚拟化，既不具备教学组织权，也没有学籍管理权，仅充当教育教学资源的发布平台，那么其与共享式育人平台本质上是一致的。例如，浙江金融职业学院淑女学院是为提升女学生的艺术才情和道德修养，培养魅力职业女性而成立的精英式学院，课程面向全校学生开放，采取网络平台为主、选修课与项目活动结合的教学组织形式，是典型的虚拟学院。如果精英式学院拥有学籍管理与教学组织权，能够独立聘任全职教师，所开设专业与其他二级学院在招生对象和培养方案层面存在重合现象,即与已有专业院系存在并行竞争关系,相当于一个高度浓缩和实体化的"大学"。

3. 分类培养目标:术业专攻与全面发展的悖论

为了准确辨析特征,需要把握通识教育与不同分类培养模式的差距,即观察各种教育模式"术业专攻"与"全面发展"教育目标的实现程度。

一方面,二级学院分类培养目标是为特定行业培养高质量人才,入选学生需要具备高度一致的职业认同感,如果恰逢行业黄金发展期,则会达到事半功倍的培养效果。反之如果学生对职业规划犹豫不定,或者相关行业处于发展瓶颈期,那么定向分类培养机制可能会使学生感到强烈的专业桎梏。另一方面,专业技能并不是高等教育的全部,"二级学院负责制"的分类培养模式容易形成"专业至上"的氛围,在加强专业和实训课程质量的同时,可能会弱化通识教育、可迁移能力、人文素养方面的教育等,轻视社会实践、团委与学生工作。虽然说因材施教下的分类教育模式并不强调通识知识与专业技能的完全权衡配比,但是增强和弱化课程的取舍仍然对全面育人工作提出了挑战。

与之相对应的是多专业精英式学院和共享式育人平台负责制的分类培养模式,由于这种模式不局限于某一特定专业方向,因而能够提供更大范围的交叉专业、跨专业培养。例如浙江工商大学章乃器学院实施"基础教育"和"专业教育"两阶段式分类培养机制,在专业教育阶段,学生根据个人意愿自由选择专业,在原班级建制不变的前提下由相关专业院系为学生制定培养计划;浙江工商大学章乃器学院与会计学院合作成立了ACCA班,同时积极支持学生跨专业交叉选课,为学生个性化及全面发展创造有利条件。但并不能以此武断地认为二级学院负责制下分类培养模式是落后的,因为高等教育规律表明,校内专业院系仍然是提供专业性教育最强有力的管理主体,而专门性培养与专业化分工是现代社会快速发展的基石。

4. 分类培养实践:多种模式的并行关系

分类培养实践必须严格遵循人才培养规律,更加关注受教育者的个体差异。基于管理特征维度,可以将国内分类培养模式区分为"二级院系负责制"和"共享式育人平台负责制""精英式学院负责制"三类。实地调研后发现，分类培养在很多高校并不是以单一形态呈现，而是根据培养目标、师资水平、生源结构差异同时采取多种分类培养机制，这在更加重视毕业生就业状况的高职院校中尤为突出。

以浙江金融职业学院会计学院为例，其人才分类培养由"基本素养"和"职业素养"两个阶段构成。"基本素养"主要是针对大一新生和部分大二学生，会计学院与校内虚拟学院"明理学院"和"淑女学院"合作，分批分类完成学生的职业生涯规划和才情才艺培养，并为技能功底好、专业学习意愿强的学生搭建了金手指、金口才、金礼仪等二级学院资源平台；"职业素养"主要是面向大二和大三学生，每年5月校内实体化精英式学院"银领学院"会依据与各大银行的合作培养协议在全校范围内组织订单班选拔，通过笔试和面试的学生将签订银行订单培养协议，学生培养方案和教学管理在完成订单班组建后随即由会计学院转移到"银领学院"。据统计，会计学院每个年级大约有1000名学生，其中约有700人在大二学年结束后进入"银领学院"的各个银行订单班中。

针对没有入选"精英式学院""严选拔 封闭式"的300名学生，会计学院会继续开展逐级分类培养，首先基于"严选拔 封闭式"理念，与杭州朗辉财务咨询、百世公司、顺丰物流等优质公司合作成立学徒班，将部分专业课转移到校外，让学生在真实的工作场景中完成职业素养的提升。其次面向没有通过学徒班选拔或者不愿意去校外的学生，会计学院基于"严选拔 半开放式"理念与会计师事务所合作建立了"工匠班""衡信会计工作室"，学生可以在校内实现真账真做，提升会计实务能力。如图4.8所示，浙江金融职业学院会计学院的分类培养并没有选取单一类型，而是存在多模式并行的关系，经过上述培养机制，会计学院基本做到了学生分类培养100%全覆盖。

三、浙江省分类培养模式的适用性与推广价值

本科和专科作为高等教育的重要组成部分，在分类培养实践中均遵循分类培养、尊重选择、分层教学、多样成才的理念，有的模式呈现强制性，

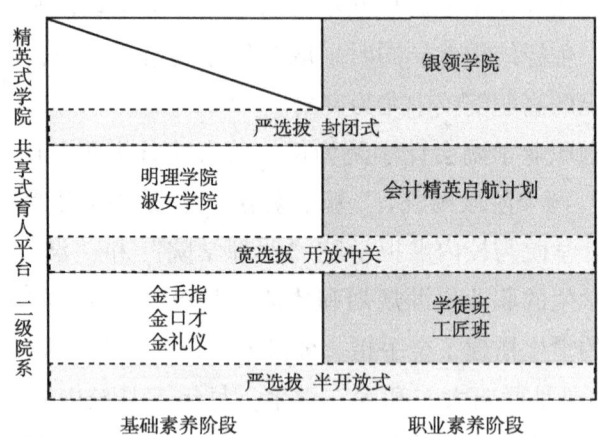

图 4.8 浙江金融职业学院分类培养模式的并行机制

侧重专业性技能,更有利于培育顶尖人才,但选培成本和试错风险较大;有的模式突出自愿性,注重学生基础能力养成,培养过程更为从容连贯,但缺乏学校和专业特色。选择何种分类培养模式,需要基于对校内外各个影响因素的系统性评价。

(一) 综合考量高校的学科专业发展布局和培养目标定位

分类培养模式的选取要考虑学科专业发展布局和培养目标定位。对于学科发展水平较高、专业建设完善的高校,建议实行二级院系负责制或虚拟化精英式学院负责制开展分类培养。对于学科专业建设水平滞后、办学思想过于保守的高校,建议成立实体化的精英式学院,以独立于其他院系的"试验区"形式探索分类培养。在培养目标定位层面,如果是为培养跨专业和复合型人才、为低年级学生夯实多学科基础、实现特定办学理念,建议采取共享育人平台模式。因为共享育人平台面向所有专业学生,不介入二级学院原有的培养方案,作为资源提供者不会与通识教育龃龉。但此类模式培养需要二级院校的支持,否则会面临缺乏管理抓手的困境,当然也可以通过特殊精英式学院模式开展跨专业人才,或低年级学生多学科基础培养。例如浙江金融职业学院淑女学院模式在才情才艺培养方面展现出良好效果,精英式学院具备可实可虚的制度灵活性,均在国内分类培养实践中获得了较为广泛的应用实践。

(二) 准确把握高校的教育资源禀赋和教学组织氛围

分类培养模式的选择受到生源质量、师资水平和学校文化底蕴等资源禀赋的制约。如果高校内部已经形成了"专业至上"的办学氛围，愿意为"教育特区"投入优质资源，配备业内一流的师资团队，能够选拔出学习兴趣和专业能力高度契合的学生，那么依托二级学院或实体化精英式学院实施的"严选拔 封闭式"，有助于最大限度上实现分类教育中拔尖和特色人才的培养。虽然本书研究发现"严选拔 封闭式"的专业课程比重过高、专业选择束缚较大使得教育过程失衡，"严选拔"带来的高竞争性会挫伤部分学生自信心、兴趣流失或专业能力欠缺等情况，但是不能否认的是，对于有能力、有意愿参与"封闭式"分类培养的学生，该模式能在最大限度上催化其加速成长。

"宽选拔 开放冲关式"基于"礼闻来学"理念鼓励学生积极参与分类培养，选培难度看似较低，却对高校生源质量提出了很高的要求，需要学生具备极强的内生性学习动力以及极强的专业认同。教师需要有扎实的专业功底和引人入胜的授课水平，才能有效保证分类培养的成才率。"严选拔 半开放式"在我国拥有最广泛的适用范围，对生源和师资的整体要求较低。它比"严选拔 封闭式"在培养过程上更自由，"半开放式"的分类培养保护了学生能力发展的自主选择权，它比"宽选拔 开放冲关式"在生源选拔上更直接，有助于在专业发展层面形成学习共同体，并且逐级考核机制使得教学者在分类培养过程中有管理抓手。总而言之，生源质量参差不齐的高校建议采取"严选拔"模式建立志同道合的学习团体，提升分类培养质量。师资水平和学科建设基础薄弱的高校建议适当降低对学生专业选择的束缚，激发学生的自主性，采取"半开放"或"开放"模式实现分类培养目标。

参考文献

[1] 王安兴,何文生. 探索混合所有制办学 加快发展现代职业教育[J]. 中国职业技术教育,2014(21):133-137.

[2] 石猛. 公办高职院校混合所有制改革的困境与突破之道——基于区域经验探索的分析[J]. 职教论坛,2019(5):43-50.

[3] 阙明坤,潘奇. 发展混合所有制职业院校初探[J]. 职业技术教育,2015(4):40-44.

[4] 董圣足. 教育领域探索混合所有制:内涵、样态及策略[J]. 教育发展研究,2016(3):52-56.

[5] 刘文江,赵学昌. 适应工学结合人才培养模式要求的职业教育管理制度探索[J]. 当代教育论坛,2009(6):90-92.

[6] 俞林,崔景贵. 现代职业教育混合所有制办学属性、样态及其治理架构[J]. 职业技术教育,2017(10):35-39.

[7] 徐桂庭. 关于职业学校治理体系与治理能力建设若干问题的思考[J]. 中国职业技术教育,2014(21):166-171.

[8] 雷世平. 混合所有制职业院校的本质属性及其衍生特征[J]. 职教论坛,2016(22):21-25.

[9] 谢笑天,王坤. 职业教育混合所有制改革的产权保护研究[J]. 职教论坛,2016(22):26-29.

[10] 姚继琴，陈新文．混合所有制：高职院校办学的新路径［J］．襄阳职业技术学院学报，2016（4）：84-87．

[11] 胡卫．混合所有制试点亟待规范［N］．中国教育报，2016-03-15．

[12] 罗先锋．高等教育混合所有制办学内涵及路径［J］．中国高等教育，2018（Z3）：17-18，31．

[13] 姚翔，刘亚荣．混合所有制高等院校发展的宏观治理结构探索［J］．中国高教研究，2016（7）：37-42．

[14] 唐文忠．我国高等职业教育投入产出的经济学分析与对策思考［J］．福建师范大学学报（哲学社会科学版），2015（2）：15-21．

[15] 周俊．发展混合所有制职业院校的思考［J］．中国职业教育，2014（21）：127-132．

[16] 杨公安，宁锐．混合所有制——大力发展现代职业教育的有效选择［J］．中国职业技术教育，2014（24）：7-12．

[17] 谢红辉，程达军．高职院校混合所有制办学研究综述［J］．职业教育研究，2018（8）：17-22．

[18] 高文杰．混合所有制职业院校的内涵与意义及其治理分析［J］．职教论坛，2015（30）：5-12．

[19] 刘丽娜，李艳华，吕智飞．激发职业教育办学活力的正确选择——探索发展混合所有制职业院校的话题［J］．职业技术，2014（12）：23-26．

[20] 童卫军，任占营．发展混合所有制职业院校的问题对策与实现形式［J］．高等工程教育研究，2016（5）：183-188．

[21] 陈艳艳,阙明坤. 探索发展混合所有制职业院校研究综述[J]. 中国职业技术教育,2016(12):32-35.

[22] 赵东明,赵景晖. 高职校企混合所有制二级产业学院建设研究[J]. 教育探索,2016(6):42-46.

[23] 高文杰. 混合所有制职业院校:涵义与治理及其进路[J]. 教育学术月刊,2015(11):67-75.

[24] 邢炜. 混合所有制实施中若干问题的探索[J]. 财政监督,2014(20):64-65.

[25] 安蓉泉. 探索混合所有制职业院校的几点理性思考[J]. 中国高教研究,2015(4):95-98.

[26] 金鑫,王蓉. 高职院校办学主体差异与校企合作水平的实证分析[J]. 高等教育研究,2013(2):54-60.

[27] 俞林,周桂瑾. 现代职业教育混合所有制办学模式的理论探索[J]. 中国职业技术教育,2016(7):41-44.

[28] 陈春梅. 近三年来我国探索发展混合所有制职业院校研究述评[J]. 中国职业技术教育,2017(12):35-41.

[29] 孔德兰,蒋文超. 现代学徒制人才培养模式比较研究——基于制度互补性视角[J]. 中国高教研究,2020(7):103-108.

[30] 席东梅,刘亚荣. 混合所有制:职业教育活力所在——齐齐哈尔工程学院多元化办学探索之路[J]. 中国职业技术教育,2014(28):44-52.

[31] 李文英. 战后日本职业教育制度的演进[J]. 教育与职业,2010(2):26-29.

[32] 姜大源. 德国职业教育[J]. 中国职业技术教育,2006

(2)：57-58.

[33] 刘家枢．高职院校混合所有制的内涵、路径和模式 [J]．职教论坛，2015 (4)：4-10.

[34] 翟帆．"混合所有制"，做强做大职业院校的良方 [N]．中国教育报，2014-11-17.

[35] 续继，唐琦．数字经济与国民经济核算文献评述 [J]．经济学动态，2019 (10)：117-131.

[36] [日] 小松崎清介，伊藤阳一，鬼木甫．信息化的由来及其经济含义 [M]．北京：社会科学文献出版社，1994.

[37] 靖继鹏，王欣．信息产业结构与测度方法比较研究 [J]．情报科学，1993 (1)：7-1，79.

[38] 杨京英，间海琪，杨红军，高析．信息化发展和国际比较 [J]．统计研究，2005 (10)：23-26.

[39] 吴翌琳．国家数字竞争力指数构建与国际比较研究 [J]．统计研究，2019 (11)：14-25.

[40] 朱启贵．建立推动高质量发展的指标体系 [N]．文汇报，2018-02-06 (12).

[41] 师博，任保平．中国省际经济高质量发展的测度与分析 [J]．经济问题，2018 (4)：1-6.

[42] 李金昌，史龙梅，徐蔼婷．高质量发展评价指标体系探讨 [J]．统计研究，2019，36 (1)：4-14.

[43] 方大春，马为彪．中国省际高质量发展的测度及时空特征 [J]．区域经济评论，2019，38 (2)：67-76.

[44] 杨仁发，李娜娜．产业集聚对长江经济带高质量发展的影

响[J]. 区域经济评论, 2019 (2): 71-79.

[45] 陈诗一, 陈登科. 雾霾污染, 政府治理与经济高质量发展[J]. 经济研究, 2018, 53 (2): 20-34.

[46] 贺晓宇, 沈坤荣. 现代化经济体系、全要素生产率与高质量发展[J]. 上海经济研究, 2018 (6): 25-34.

[47] 余泳泽, 杨晓章, 张少辉. 中国经济由高速增长向高质量发展的时空转换特征研究[J]. 数量经济技术经济研究, 2019, 35 (6): 3-21.

[48] 陈彦光. 分形城市系统的空间复杂性研究[D]. 北京大学, 2004.

[49] 王伟, 吴志强. 中国三大城市群空间结构集合能效测度与比较[J]. 城市发展研究, 2013, 20 (7): 63-71.

[50] 陆玉麒, 袁林旺, 钟业喜. 中心地等级体系的演化模型[J]. 中国科学: 地球科学, 2011, 41 (8): 1160-1171.

[51] 陈肖飞, 张落成, 姚士谋. 基于新经济地理学的长三角城市群空间格局及发展因素[J]. 地理科学进展, 2015, 34 (2): 229-236.

[52] 朱江丽, 李子联. 长三角城市群产业—人口—空间耦合协调发展研究[J]. 中国人口·资源与环境, 2015, 25 (2): 75-82.

[53] 杨仁发, 杨超. 长江经济带高质量发展测度及时空演变[J]. 华中师范大学学报(自然科学版), 2019, 53 (5): 631-642.

[54] 张启富. 高职院校试行现代学徒制: 困境与实践策略[J]. 教育发展研究, 2015, 35 (3): 45-51.

[55] 徐国庆. 我国职业教育现代学徒制构建中的关键问题

[J]．华东师范大学学报（教育科学版），2017，35（1）：30-38．

[56] 胡秀锦．"现代学徒制"人才培养模式研究[J]．河北师范大学学报（教育科学版），2009，11（3）：97-103．

[57] 谢俊华．高职院校现代学徒制人才培养模式探讨[J]．职教论坛，2013（16）：24-26．

[58] 王建梁，赵鹤．英国现代学徒制的发展历程、成效与挑战[J]．比较教育研究，2016，38（8）：103-110．

[59] 关晶．西方学徒制的历史演变及思考[J]．华东师范大学学报（教育科学版），2010，28（1）：81-90．

[60] 潘希武．政府在教育治理中扮演的两个角色[J]．比较教育研究，2006（11）：5-9．

[61] 周应中．质量文化培育与生成：高职学校高水平建设的核心路径[J]．中国高教研究，2020（3）：98-101．

[62] 马树超，郭文富．高职教育深化产教融合的经验、问题与对策[J]．中国高教研究，2018（4）：58-61．

[63] 李俊，李东书．职业教育产教融合的国际比较分析——以中国、德国和英国为例[J]．高等工程教育研究，2019（4）：159-164．

[64] 王波，张崎静．产教融合视角下高职教育发展困境与出路[J]．教育与职业，2019（4）：48-50．

[65] 郝天聪，石伟平．从松散联结到实体嵌入：职业教育产教融合的困境及其突破[J]．教育研究，2019，40（7）：102-110．

[66] 欧阳日辉．数字经济促进共同富裕的逻辑、机理与路径[J]．长安大学学报（社会科学版），2022，24（1）：1-15．

[67] 蒋永穆, 亢勇杰. 数字经济促进共同富裕: 内在机理、风险研判与实践要求 [J]. 经济纵横, 2022 (5): 21-30, 135.

[68] 肖华堂, 王军, 廖祖君. 农民农村共同富裕: 现实困境与推动路径 [J]. 财经科学, 2022 (3): 58-67.

[69] 周瑜. 数字技术驱动公共服务创新的经济机理与变革方向 [J]. 当代经济管理, 2020, 42 (2): 78-83.

[70] 艾小青, 田雅敏. 数字经济的减贫效应研究 [J]. 湖南大学学报 (社会科学版), 2022, 36 (1): 50-56.

[71] 张英浩, 汪明峰, 刘婷婷. 数字经济对中国经济高质量发展的空间效应与影响路径 [J]. 地理研究, 2022, 41 (7): 1826-1844.

[72] 郑月明, 梅澳裕, 陈家帅. 数字经济与共同富裕的耦合协调及驱动机制——基于湖北省地级市的探讨 [J]. 调研世界, 2023 (2): 77-88.

[73] 向云, 陆倩, 李芷萱. 数字经济发展赋能共同富裕: 影响效应与作用机制 [J]. 证券市场导报, 2022 (5): 2-13.

[74] 祝嘉良, 纪洋, 陈少华, 赵清华, 李振华. 数字经济与共同富裕 [J]. 中国经济问题, 2022 (2): 1-13.

[75] 周升起, 吴欢欢. 数字经济助推共同富裕: 作用与机制研究 [J]. 调研世界, 2023 (2): 23-32.

[76] 向云, 陆倩, 李芷萱. 数字经济发展赋能共同富裕: 影响效应与作用机制 [J]. 证券市场导报, 2022 (5): 2-13.

[77] 王军, 朱杰, 罗茜. 中国数字经济发展水平及演变测度 [J]. 数量经济技术经济研究, 2021, 38 (7): 26-42.

[78] 赵涛, 张智, 梁上坤. 数字经济、创业活跃度与高质量发展——来自中国城市的经验证据 [J]. 管理世界, 2020, 36 (10): 65–76.

[79] 韩先锋, 宋文飞, 李勃昕. 互联网能成为中国区域创新效率提升的新动能吗 [J]. 中国工业经济, 2019 (7): 119–136.

[80] 魏涛, 何显明. "八八战略": 中国式现代化的省域先行实践 [J]. 浙江学刊, 2023 (4): 5–15.

[81] 连玉君, 王闻达, 叶汝财. Hausman 检验统计量有效性的 Monte Carlo 模拟分析 [J]. 数理统计与管理, 2014, 33 (5): 830–841.

[82] 付凌晖. 我国产业结构高级化与经济增长关系的实证研究 [J]. 统计研究, 2010, 27 (8): 79–81.

[83] 李包庚. 从"八八战略"到"重要窗口"历史性飞跃的基本经验与意义 [J]. 浙江工商大学学报, 2021 (1): 26–36.

[84] 王海稳. "红船精神"在建设"重要窗口"中的逻辑意蕴、实践价值与转化路径 [J]. 浙江工商大学学报, 2021 (1): 37–44.

[85] 蓝勇福. 西部高等教育振兴助力共同富裕的实证研究 [J]. 重庆高教研究, 2023, 11 (01): 76–88.

[86] 刘培林, 钱滔, 黄先海, 等. 共同富裕的内涵、实现路径与测度方法 [J]. 管理世界, 2021, 37 (08): 117–129.

[87] 万海远. 共同富裕的改革路径与推进逻辑 [J]. 北京工商大学学报 (社会科学版), 2022, 37 (03): 23–34.

[88] 钞小静, 任保平. 新发展阶段共同富裕理论内涵及评价指标体系构建 [J]. 财经问题研究, 2022, (07): 3–11.

[89] 徐振宇,周智翔,孔新兵,等.我国共同富裕评价指标体系及测度——基于省级行政区与区域层面的探讨[J].统计研究,2024,41(03):3-17.

[90] 蒋永穆,豆小磊.扎实推动共同富裕指标体系构建:理论逻辑与初步设计[J].东南学术,2022,(01):36-44+246.

[91] 李金昌,余卫.共同富裕统计监测评价探讨[J].统计研究,2022,39(02):3-17.

[92] 汤玉梅,杨熙.共同富裕与职业教育高质量发展的价值逻辑与优化路径[J].中国人民大学教育学刊,2022,(04):80-90.

[93] 朱德全,彭洪莉.职业教育促进共同富裕的发展指数与贡献测度——基于教育生产函数的测算模型与分析框架[J].教育研究,2024,45(01):16-29.

[94] 王丹霞,王兴.高质量发展职业教育推动共同富裕的内在逻辑、基本路径与突破方向[J].职教论坛,2022,38(04):13-20.

[95] 李名梁,庄金环,史静妍.职业教育助推共同富裕的耦合机理及实践理路[J].教育与职业,2022(12):20-27.

[96] 周晶.职业教育发展中工具理性与价值目标融合的逻辑与机制[J].教育学术月刊,2019(09):39-47.

[97] 祝嘉良,纪洋,陈少华,赵清华,李振华.数字经济与共同富裕[J].中国经济问题,2022(02):1-13.

[98] 周文,叶蕾.数字经济与中国式现代化:理论逻辑和实践路径[J].消费经济,2023,39(05):3-11.

[99] 李勇坚.数字经济助力共同富裕的理论逻辑、实现路径

与政策建议[J].长安大学学报(社会科学版),2022,24(01):24-34.

[100] 王军,朱杰,罗茜.中国数字经济发展水平及演变测度[J].数量经济技术经济研究,2021,38(07):26-42.

[101] 赵涛,张智,梁上坤.数字经济、创业活跃度与高质量发展——来自中国城市的经验证据[J].管理世界,2020,36(10):65-76.

[102] 韩先锋,宋文飞,李勃昕.互联网能成为中国区域创新效率提升的新动能吗[J].中国工业经济,2019(07):119-136.

[103] 王敏杰,谭静,付明浩.产业结构升级背景下高等职业教育投入与经济增长的门槛效应研究——基于省际面板数据[J].河北农业大学学报(社会科学版),2021,23(06):123-130.

[104] 江嘉栋.财政教育投入对经济增长的影响[D].杭州:浙江大学,2019.

[105] 何佑石,祁占勇.我国高等职业教育对经济增长贡献程度的研究——基于2008—2017年省际面板数据的实证分析[J].西南民族大学学报(人文社会科学版),2023,44(02):213-221.

[106] 毛其淋.人力资本推动中国加工贸易升级了吗?[J].经济研究,2019,54(01):52-67.

[107] 易红梅,刘慧迪,邓洋,等.职业教育与农业劳动生产率提升:现状、挑战与政策建议[J].中国职业技术教育,2022,(10):34-41.

[108] 李宏兵,姚一帆,杨雨昕.数字经济增加值规模测算研究——兼论数字经济的区域发展差异[J].北京邮电大学学报(社

会科学版),2022,24 (02):1-11+32.

[109] 纪园园,杨岚,程东坡.数字经济赋能共同富裕:基于分位数回归方法 [J/OL].系统工程理论与实践,1-20 [2024-06-13].

[110] 干春晖,郑若谷,余典范.中国产业结构变迁对经济增长和波动的影响 [J].经济研究,2011,46 (05):4-16+31.

[111] 付凌晖.我国产业结构高级化与经济增长关系的实证研究 [J].统计研究,2010,27 (08):79-81.